시와 PSAT

AI총서

인공지능 시대입니다. 기계가 인간의 인지를 대신하고, 사물이 인간을 통하지 않고 다른 사물과 직접 커뮤니케이션합니다. 이에 따른 인간 삶과 문명 변화를 정확히 이해·예측·대응하는 것은 이 시대 우리 모두의 과제입니다. AI총서는 인공지능 기술과 환경의 여러 주제를 10가지 키워드로 정리합니다. 관련 개념과 이론, 학계와 산업계의 쟁점, 우리 일상의 변화를 다룹니다. 인간과 기술의 현재, 미래를 세심히 분석합니다.

일러두기

- 인명, 작품명, 저서명, 개념어 등은 한글과 함께 괄호 안에 해당 국가의 원어를 병기했습니다.
- 외래어 표기는 현행 어문규정의 외래어표기법을 따랐습니다.

처음이세요?

전문가세요?

AI와 PSAT

전용일

대한민국, 서울, 커뮤니케이션북스, 2025

AI와 PSAT

지은이 전용일
펴낸이 박영률

초판 1쇄 펴낸날 2025년 12월 10일

커뮤니케이션북스(주)
출판 등록 2007년 8월 17일 제313-2007-000166호
02880 서울시 성북구 성북로 5-11
전화(02) 7474 001, 팩스(02) 736 5047
commbooks@commbooks.com
www.commbooks.com

ISBN 979-11-430-1291-3 03500

책값은 뒤표지에 표시되어 있습니다.

차례

AI 기반 PSAT 도입과 공무원 채용의 미래

우리는 지금 인류 역사상 유례없는 변화의 시대를 살고 있다. 이른바 '4차 산업혁명'이라는 거대한 물결 속에서 인공지능(이하 AI)은 단순한 기술을 넘어 사회의 근간을 뒤흔들고 있으며, 이는 우리의 삶은 물론 공공 영역과 공직의 역할마저 근본적으로 재편하고 있다. 이 변화의 한복판에서, 대한민국 공직 사회의 문을 여는 핵심 통로인 '공직 적격성 평가(PSAT, Public Service Aptitude Test, 발음은 피셋)' 역시 새로운 변화를 맞이해야 할 시점이다.

PSAT이 처음 도입되었을 때 대한민국 공직 채용 시험의 패러다임을 바꾼 혁신적인 시도로 평가받았다. 과거 단순 암기 위주의 시험 방식으로는 급변하는 행정 환경에 능동적으로 대처할 수 있는 인재를 선발하는 데 한계가 있다는 인식하에, 2004년 외무고등고시(현 외교관 후보자 선발시험) 1차 시험에 처음 도입된 PSAT은 공직자에게 필수적인 언어 논리, 자료 해석, 상황 판단 능력을 객관적으로 평가하며 큰 반향을 일으켰다. 이는 암기된 지식보다는 문제 해결 능력과 실질적인 적성을 측정해, 특정 배경이나 학력에 관계없이 누구나 공정한 기회를 통해 공직에 진출할 수 있는 기반을 마련했다는 점에서 큰 의미가 있다. PSAT은 이러한 도입 취지에 따라 공정성과 객관성을 인정받으며 지난 20년 넘게 대한민국 공무원 채용의 중요한 기준으로 자리매김했다.

한편, 그동안 국가직 행정 5급 등 공채 시험(구 행정고등고시와 구 기술고등고시가 통합되어 '행정 5급 공채 시험'으로, 구 외무고등고시는 '외교관 후보자 선발시험'으로 변경)과 입법부인 국회의 입법 5급 공채 시험에서만 실시되었던 PSAT이 2021년부터 국가직 행정 7급 공채 시험에 확대 도입되었다. 당시 국가직 행정 7급 공채 시험에 도입된 PSAT은 학원가에 큰 반향을 불러일으켰다. 그것은 향후 지방직 공채 시험과 9급 시험은 물론 타 국가 기관(입법부, 사법부) 공채 시험까지 PSAT이 도입될 것으로 볼 수 있었기 때문이었다. 실제로 2025년부터는 입법부 국회 8급 공채 시험과 사법부의 법원 5급 공채 시험에 각각 PSAT이 도입되어 시험이 실시되었다.

이제 PSAT은 또 한 번의 중요한 전환점을 맞이하고 있다. 2027년부터 지방직 7급 공개경쟁 채용 시험에 PSAT 도입이 확정되었고, 나아가 능력 중심 채용을 지향하는 공공 기관 채용 시험에도 PSAT을 적극 활용하는 방안이 추진된다(인사혁신처, 2024.12.18). PSAT의 활용 범위가 확대된 것이다. 이는 PSAT이 더 이상 공직의 특정 직급이나 직렬에 국한되지 않고, 대한민국 공공 부문 전체의 인재 선발을 아우르는 범용적이고 표준적인 적격성 평가 도구로서 그 위상을 확고히 할 것임을 시사한다. 그야말로 PSAT은 전국 단위의 대규모 시험은 물론, 모든 공공 부문(중앙 정부 및 지방 정부)의 문을 여는 핵심 관문으로 확장되는 역사적 변곡점에 서 있다.

이러한 PSAT 확대 정책은 분명히 공직 진출을 꿈꾸는 수많은 수험생은 물론, 공공 기관 취업을 희망하는 구직자들에게 새로운 시험 준비의 방향성을 제시하고 있다. 그러나 동시에, 우리는 이 거대한 제도적 변화의 배경에 흐르는 또 하나의 거대한 흐름을 주목해야 한다. 바로 AI 시대의 도래다. AI는 단순한 기술적 진보를 넘어, 사회 시스템의 효율성을 극대화하고 새로운 가치를 창출하는 핵심 동력으로 작용하고 있다. 공공 영역 역시 예외는 아니어서, AI는 이미 민원 처리 시스템, 빅데이터 기반 정책 분석, 자동화된 행정 서비스 등 공직의 거의 모든 영역에 깊숙이 침투하며 그 역할과 형태를 변화시키고 있다.

이러한 두 가지 변화, 즉 'PSAT의 범용성 확대'와 'AI 시대의 도래'는 필연적으로 다음 질문으로 수렴된다. PSAT은 눈앞의 현실로 다가온 AI 시대가 요구하는 새로운 공직자 인재상을 얼마나 효과적으로 반영하는 선발 도구가 될 수 있을까? 아울러 AI 기술은 PSAT이라는 시험 제도를 어떻게 혁신해 보다 공정하고 효과적인 인재 선발 도구로 거듭날 수 있을까?

PSAT에 대한 연구 자료가 많지 않은 실정이고, PSAT의 개선점이나 AI를 통한 PSAT의 개선점을 다룬 연구도 없는 상황이다. 이 책은 이 질문에 대한 여러 접근 방법 중 하나로서, 방향 제시와 '작은 통찰'을 담았다.

집필 배경: 변화의 목소리에 귀 기울이며

이 책을 집필하게 된 배경은 두 가지 관찰과 고민의 결과다. 첫째는, AI 기술의 놀라운 발전 속도와 그로 인한 공직 사회의 급변이다. 10여 년간 대학에서 수많은 학생들을 만나며 PSAT과 NCS(National Competency Standards, 국가 직무 능력 표준, 직업 기초 능력 평가)를 가르쳐 왔다. 이 과정에서 단순히 시험 문제를 풀이하는 것을 넘어 미래 공직자에게 진정으로 필요한 역량이 무엇인지에 대한 물음을 던졌다. AI는 더 이상 먼 미래의 기술이 아니라, 이미 우리의 행정 시스템 곳곳에 스며들어 민원 처리의 효율성을 높이고, 방대한 데이터를 분석해 정책 결정의 근거를 제공하며, 심지어 복잡한 시뮬레이션을 통해 미래를 예측하는 도구로 활용되고 있다. 실제로 정부(인사혁신처)는 디지털 역량 강화를 위해 인공지능 학습 자원을 학습할 수 있는 '인공지능 전용관'을 마련했으며(인사혁신처, 2025.3.4), 공직 업무 효율을 높인 인공지능 업무 활용 방법을 공직 사회에 확산할 수 있도록 자체 개발 성과를 정리한 "인공지능(AI) 활용가이드"를 발간 · 배포하기도 했다(인사혁신처, 2025.3.20). AI는 공직 사회에서 이미 업무 수행에 적극적으로 활용하는 필수 도구가 되었고, 이러한 변화는 공직자의 역할을 근본적으로 변화시킬 것이다. 이에 공직 채용 선발 도구인 PSAT의 진화 필요성을 절감하게 되었다.

다음으로는, PSAT이라는 시험을 둘러싼 오랜 논쟁과 수험생들의 현실적인 고충이었다. PSAT은 그동안 공정하고 객관적인 인지 역량 평가의 수단으로서 긍정적인 역할을 해 왔지만, 동시에 두 가지 비판이 꾸준히 제기되어 왔다. 하나는, 'PSAT은 IQ 테스트 같은 시험이고, 결국 머리로 판가름되는 시험이니 소수의 PSAT형 인간을 위한 시험이다'. 또 하나는, 일반적인 수험생이 이를 극복하기 위해서는 독학보다는 학원을 통할 수밖에 없기 때문에 사교육 의존도가 높아진다'라는 비판이다. 더욱이 2027년부터 PSAT이 지방직 7급 공채와 공공 기관 채용 시험에 확대 적용된 상황에서 수험생들의 고민은 깊다. PSAT이 공공 부문 인재 선발의 핵심 도구로 자리매김하는 상황에서 이 시험의 본질과 방향성에 대한 고민과 성찰이 요구된다. 필자는 이 두 가지의 큰 흐름 속에서 하나의 교차점을 발견했다. 바로 AI를 통해 PSAT의 한계를 극복해, 공직에 필요한 인재를 더욱 공정하고 효율적으로 선발할 수 있는 가능성이었다. 이 책은 그 가능성을 탐색하고, PSAT에 대한 불안감과 문제점을 해소해 미래 공직에 다가설 가교 역할을 해 보고자 하는 바람에서 시작되었다.

AI 시대, 공직의 소명과 새로운 인재상의 부상

우리는 오랫동안 공직을 '안정'과 '봉사'의 영역으로 이해해 왔다. AI 기술의 발전은 공직에 새로운 의미를 부여하고 있다. 과거 공무원의 숙련된 노동력을 기반으로 한 반복적이고 정형화된 업무는 이제 AI와 자동화 시스템으로 대체되고 있으며, 민원 응대, 데이터 분석, 정책 자료 취합과 결과 도출 등 AI의 효율성이 극대화되는 영역이 점차 확대되고 있다.

이러한 변화는 공직자의 역할을 단순한 '규칙의 집행자'나 '정보의 전달자'를 넘어, 더욱 복합적이고 가치 지향적인 역할로 전환하고 있다. 이 책의 1장에서는 AI가 가져올 공공 행정의 근본적인 변화를 살펴보고, 공직자가 AI를 활용하고 관리하는 주체로서 어떤 새로운 역할을 수행해야 하는지 자세히 다뤘다. AI 시대의 공직자는 방대한 데이터를 AI의 도움을 받아 분석하고 통찰을 도출하되, 그 결과물을 비판적으로 검토하고 윤리적 함의를 판단할 수 있어야 한다. 예측 불가능한 사회적 난제 앞에서 AI가 제시할 수 없는 창의적인 해결책을 모색하고, 인간적인 공감과 소통을 바탕으로 시민들과 관계 맺는 역량이 그 어느 때보다 중요하다.

2장에서는 이러한 변화에 발맞춰 미래 공직자에게 요구되는 핵심 역량을 재정의한다. 앞으로의 공직자에게는 높은 수준의 데이터 리터러시, AI 시스템에 대한 기본적인 이해, 복잡한 문제에 대한 비판적 사고력과 창의적인 문제 해결 능력이 중요하다. 또한 AI의 윤리적 적용에 대한 깊은 이해와 통찰, 인간 중심적인 가치를 추구하는 인문학적 소양과 시민과의 공감 능력, 효과적인 협업 능력이 필수적인 역량으로 부상하게 될 것이다. 이는 기존 공직자 인재상에 대한 근본적인 재정의를 요구하며, 공직 채용 제도의 변화를 수반할 수밖에 없다.

PSAT, 현주소와 AI 시대의 과제

대한민국 공직 채용 제도의 핵심 선발 도구인 PSAT은 앞서 제기된 일부의 논란에도 불구하고, '암기 위주 시험의 한계 극복', '공정하고 객관적인 능력 평가', '다양한 배경의 인재 선발'이라는 긍정적인 역할을 수행해 왔다. 언어 논리, 자료 해석, 상황 판단의 세 영역은 논리적 추론, 정보 분석, 문제 해결이라는 공직 수행에 필수적인 기초 역량을 평가하는 데 분명한 강점을 지니고 있는 선발 도구다. 이러한 점을 반영하듯 2027년부터 확대 실시될 PSAT은 공공 부문 인재 선발의 핵심 도구로서 그 위상을 더욱 공고히 하게 될 것이다.

그러나 PSAT이 AI 시대의 새로운 인재상을 온전히 담아내기에는 한계 또한 존재한다. 3장에서 우리는 현행 PSAT의 역할과 강점을 재확인하는 동시에, AI 시대가 요구하는 역량과 간극을 자세히 살펴보며 그 한계를 짚어 보고자 한다. 지금의 PSAT은 AI 기술의 이해나 활용 능력이나, AI 관련 복잡한 윤리적 딜레마에 대한 판단력 등을 평가하기 어렵다. 또한 AI가 가져올 급격한 변화 속에서 공직자에게 요구되는 '학습 민첩성'이나 '창의적 문제 해결 능력', '협업 능력' 등은 지필 고사 형태의 PSAT만으로는 측정하기 어렵다는 지적 또한 피하기 어렵다. 이러한 논의는 향후 PSAT이 나아가야 할 방향을 설정하는 중요한 첫걸음이 될 것이다.

아울러 현행 PSAT이 공직 채용에서 NCS와 앞으로 어떤 관계를 그려 갈 것인가도 중요하다. NCS는 능력 중심 채용 제도에서 직무 수행에 필요한 지식, 기술, 태도를 표준화한 것으로, 공공 기관 채용에서 직업 기초 능력(기초공통역량)과 직무 수행 능력(전공 능력 및 전문성)을 평가하는 데 활용되고 있다. 다만 PSAT이 공공 기관으로 확대 적용됨에 따라, PSAT이 직업 기초 능력 평가의 일부 또는 전부를 대체할 가능성도 제기되고 있다. 하지만 특정 직무에 대한 전문성과 전공 능력을 평가하는 NCS 직무 수행 능력 평가와 구조화된 면접은 여전히 중요하게 유지될 것으로 보인다. 이 책에서는 두 평가 시스템의 차이와 상호 보완 가능성을 분석하고, PSAT의 확대 정책이 가져올 채용 시스템의 변화 방향을 다룰 것이다.

PSAT, AI를 입고 진화하다: 시험 내용 및 출제 방향의 혁신

이 책의 핵심 논의는 PSAT이라는 시험을 AI 시대에 맞게 어떻게 변화시킬 것인가다. 단순히 시험의 난이도를 조정하거나 내용을 추가하는 것을 넘어, AI 기술의 본질을 담아내고, AI를 활용해 평가의 질을 높이는 방안을 찾아보고자 한다.

4장에서는 PSAT 언어 논리 영역의 개편방향을 논의한다. 출제 방향 및 구성의 큰 틀은 유지하면서, AI의 본질, 역할, 사회적, 윤리적 문제를 비판적으로 이해하고 분석하는 능력을 점검한다. 기존 언어 논리 영역은 인문 · 사회 · 자연 · 예술 등 전 분야의 읽기 지문을 활용해 공직자가 다양한 분야의 지문과 자료를 읽고 이해하는지, 논리적 사고를 펼 수 있는지 평가한다. 이러한 출제 방향에 더해 AI 관련 정책 제안, 기술 보고서, AI의 사회적 영향에 대한 논쟁적 지문들을 활용해 단순한 논리적 오류 파악을 넘어 AI 시대의 복합적인 상황을 이해하고 합리적으로 판단하는 능력을 평가할 필요성을 제안한다.

5장에서는 PSAT 자료 해석 영역의 개편 방향을 다룬다. 기존의 자료 해석 영역은 소위 도표 작성 및 도표 해석 능력으로, 도표·그래프나 보고서를 해석하는 것이 주를 이뤘다. 분석 능력은 공직자에게 요구되는 중요한 역량이다. 이에 더해 AI가 분석하거나 생성한 방대한 데이터를 이해하고, AI 산출물에 내제된 편향성이나 오류를 파악하는 '데이터 리터러시'가 요구된다. AI 모델의 예측 결과, 알고리즘 기반 통계, AI가 시각화한 복잡한 데이터들을 자료로 제시해, 이를 해석하는 동시에 데이터의 한계를 파악하는 능력을 평가할 필요가 있다.

6장에서는 PSAT 상황 판단 영역의 개편 방향을 다룬다. 이 영역은 법령 판단 문제, 퀴즈형 문제가 주를 이룬다. 언어 논리 영역과의 중복을 피하고자 최근 퀴즈형 문제의 비중이 커지고 있다. 이 영역의 출제 유형은 크게 변해야 하며, AI 기반의 새로운 출제 유형이 도입되어야 한다. 공공 서비스에 AI가 도입되면서 발생하는 윤리적 딜레마(가령, AI 기반 복지 사각지대 발굴 시스템의 오작동, AI 안면 인식 기술 활용의 사생활 침해 논란 등)나 AI 시스템 관리 및 운영상의 문제점(가령, AI 시스템 오류 시 책임 소재, AI 서비스의 투명성 확보 등) 등을 시나리오로 구성해, 공직자로서의 윤리적 책임감과 문제 해결 능력을 복합적으로 평가해야 한다.

AI-PSAT의 성공 조건: 기술 혁신을 넘어 신뢰를 구축하는 제도 설계

AI-PSAT의 기술 혁신은 공정성과 신뢰 확보가 과제다. 법적 기반과 시민 참여 거버넌스 등 투명한 제도 설계가 필수적이다.

7장에서는 AI 기반 PSAT의 혁신적 변화 평가와 운영을 살펴본다. AI 기반 PSAT은 단순한 개편을 넘어, 평가 내용과 운영의 유기적인 결합인 '지능형 평가 시스템'을 목표로 한다. 이는 디지털 플랫폼 정부(DPG) 구현과 공직 인재 선발의 패러다임을 근본적으로 바꾸는 혁신이다.

핵심은 평가 내용의 고도화와 운영 시스템의 지능화에 있다. 먼저, 평가 내용은 AI 시대에 필요한 역량을 측정하도록 진화해야 한다. 언어 논리 영역에서는 AI가 생성한 보고서의 논리적 오류와 편향성을 비판적으로 분석하는 능력을, 자료 해석 영역에서는 AI의 분석 결과 이면에 숨겨진 통찰이나 한계를 파악하는 데이터 리터러시를, 상황 판단 영역에서는 AI의 효율적 제안과 공직 가치가 충돌하는 상황에서의 윤리적 의사 결정 능력을 평가하게 된다.

운영 측면에서는 AI가 시험의 전 과정을 혁신한다. 최신 정책 데이터를 학습한 AI가 시의성 있는 문항을 자동 생성하고, 컴퓨터 기반 시험(CBT) 환경에서 응시자의 행동 패턴을 분석해 부정행위를 실시간으로 감지한다. 시험 종료와 동시에 자동 채점과 심층 분석이 이뤄져, 점수 결과 외에 응시자별 강점과 약점이 담긴 '역량 프로파일'을 산출한다.

궁극적으로 AI 기반 PSAT은 '투입-과정-산출-환류'의 선순환 구조를 갖춘 자가 발전 시스템으로 진화할 것이다. 시험 결과와 합격자의 실제 직무 성과 데이터를 지속적으로 비교 분석해 시험의 예측 타당성을 검증하고, 그 결과를 다음 시험 설계에 반영(환류)하게 된다. 이 과정에서 인간의 역할은 시험 운영자에서 AI 알고리즘을 설계하고 윤리적 가이드라인을 설정하는 감독자로 재정립된다.

결론적으로 AI 기반 PSAT은 공정성과 효율성을 극대화하고, 미래 공직 사회가 요구하는 핵심 인재를 과학적으로 선발하는 전략적 도구다. 이는 데이터 기반 행정과 지능형 공공 서비스를 구현하는 초석이 될 것이다.

8장에서는 AI 시대, PSAT의 새로운 과제인 공정성과 접근성을 중심으로 프라이버시 문제와 사회적 신뢰를 살펴본다.

AI 기반 PSAT이 마주한 첫 번째 과제는 공정성이다. AI는 학습 데이터에 내재된 편향을 그대로 학습하므로, 과거 데이터가 특정 성별이나 지역에 불리했다면 AI 역시 불공정한 결과를 재생산할 위험(데이터 편향성)이 있다. 또한 AI의 의사 결정 과정이 명확히 설명되지 않는 '블랙박스' 문제는 결과에 대한 불신을 키울 수 있어, 결정의 근거를 제시하는 '설명 가능한 AI(XAI)' 기술의 도입이 필수적이다.

두 번째 과제는 컴퓨터 기반 시험 전환에 따른 접근성 및 디지털 격차 문제다. 디지털 기기 사용에 익숙하지 않은 응시자에게 불리하게 작용하지 않도록 도입 초기에는 기존 종이 시험을 병행하고 충분한 사전 교육을 제공해야 한다. 또한 장애인을 위한 음성 지원 등 웹 접근성을 보장해 모두에게 동등한 기회를 제공하는 '디지털 포용'의 가치를 실현해야 한다.

세 번째는 프라이버시 침해 및 보안 문제다. AI 감독 시스템은 시선, 표정 등 민감한 생체 정보를 수집할 수 있어 과도한 감시와 사생활 침해 논란을 낳을 수 있다. 또한 해킹이나 '적대적 공격'을 통한 데이터 유출 및 시스템 오작동의 위험도 존재한다. 이를 방지하기 위해 데이터 수집 · 활용 · 폐기 전 과정을 관리하는 강력한 데이터 거버넌스 체계와 철저한 보안 시스템 구축이 선행되어야 한다.

마지막 과제는 사회적 수용성과 신뢰를 확보하는 것이다. 이를 위해 소규모 시범 사업을 통해 시스템의 안정성과 공정성을 투명하게 검증하고, 그 결과를 공개하며 사회적 합의를 이뤄 나가야 한다. 특히 학계, 시민 단체, 수험생 대표 등이 참여하는 '시민 참여형 AI 거버넌스'를 구축해 AI 시스템의 윤리 가이드라인을 함께 만들고 편향성을 감시하며, 오류 발생 시 책임 소재와 구제 절차를 명확히 제도화하는 것이 신뢰 확보의 핵심이다. 결국 AI는 인간을 대체하는 것이 아닌 전문가의 판단을 돕는 도구라는 점을 명확히 소통하며 기술 혁신을 이뤄 나가야 한다.

9장에서는 AI 기반 PSAT의 법적 · 제도적 기반 구축에 대해 살펴본다. AI 기술을 공직 채용에 도입하는 것은 단순한 기술 혁신을 넘어, 발생 가능한 차별과 불공정의 위험을 막고 사회적 신뢰를 담보할 강력한 법적 · 제도적 기반 설계를 요구한다. 기술의 잠재력을 온전히 실현하기 위해서는 공정성, 투명성, 책임성을 보장하는 제도의 뒷받침이 필수적이기 때문이다.

이 장에서는 AI 기반 PSAT의 성공적인 안착을 위한 구체적인 법제도 구축 방향을 제시한다. 먼저 「공무원임용시험령」 개정과 「인공지능 기본법」(「인공지능 발전과 신뢰 기반 조성 등에 관한 기본법」)에 따른 '고영향 AI' 지정 등 명확한 법적 근거를 마련하고, 독립적인 외부 감사를 통해 알고리즘의 편향성을 주기적으로 검증하는 AI 윤리 원칙의 제도화를 제안한다.

또한 응시자의 민감한 생체 정보 등 데이터 수집부터 폐기까지 전 과정을 투명하게 관리할 데이터 거버넌스 체계를 구축하고, 시스템 오류 발생 시 책임 소재를 명확히 하며 응시자가 이의를 제기할 수 있는 공식적인 구제 절차의 필요성을 강조한다. AI의 판단에 불이익을 받은 응시자를 보호하는 장치는 기술 도입의 대전제가 되어야 한다.

무엇보다 이 책은 정부 주도의 일방적 도입이 아닌, 기술 전문가, 시민 단체, 수험생 대표까지 참여하는 '시민 참여형 AI 거버넌스'를 통해 사회적 합의를 형성하고 제도를 함께 만들어 가는 과정이 신뢰 구축의 핵심임을 역설한다. 결국 AI 기반 PSAT의 성공은 정교한 기술이 아닌, 모든 과정에서 공정성과 책임성을 보장하는 투명한 제도 설계와 사회적 소통에 달려 있음을 강조한다.

미래 공직 사회와 PSAT의 지속 가능한 진화

10장에서는 미래 공직 사회와 PSAT의 지속 가능한 진화를 다룬다. AI 기반 PSAT은 단순히 공무원을 선발하는 채용 도구를 넘어, 미래 공직 사회가 나아가야 할 방향을 제시하고 지속 가능한 인재 생태계를 조성하는 핵심적인 전략 도구다. 이 장에서는 AI 기반 PSAT이 어떻게 공직 사회의 변화를 선도하고, 채용부터 교육, 경력 개발에 이르는 선순환 구조를 만들어 내는지에 대한 궁극적인 청사진을 제시한다.

먼저, AI 기반 PSAT은 복잡다단한 사회 문제를 해결하는 '문제 해결사'를 선발하기 위해, 기존의 지식 측정에서 벗어나 새로운 인재상을 정립한다. AI를 능숙하게 활용하는 '디지털 리터러시(Digital Literacy)'와 AI의 산출물을 비판적으로 검토하고 '윤리적 판단'을 내리는 인간 고유의 고차원적 역량을 측정하는 데 집중한다.

더 나아가, 시험을 통해 측정된 개인별 '역량 프로파일'은 공직 생애 주기(Life-cycle) 전반에 활용되는 귀중한 데이터가 된다. 예를 들어, '자료 해석' 역량이 높게 나타난 공무원에게는 데이터 분석 심화 교육을 추천하고, '상황 판단' 역량이 부족한 공무원에게는 리더십 및 갈등 관리 교육을 연계하는 식이다. 이처럼 채용부터 교육, 경력 개발에 이르기까지 개인의 성장을 지원하고, 조직의 필요에 따라 최적의 인력을 배치하는 '데이터 기반의 통합 인재 관리 시스템'을 구축할 수 있다.

궁극적으로 이 모든 혁신은 기술 도입만으로는 완성될 수 없다. AI를 보조적 도구로 활용하는 인간 중심의 협력 관계를 정립하고, 시민과 전문가가 함께 참여하는 투명한 거버넌스를 구축해야 한다. AI 기반 PSAT은 이러한 과정을 통해, 수동적이고 규칙에 얽매였던 과거의 문화에서 벗어나, 데이터를 기반으로 선제적으로 문제를 해결하는 혁신적인 공직 사회로 나아가는 강력한 동력이 될 것이다.

이 책은 PSAT이 더 이상 공직 진출을 위한 단순한 시험의 관문이 아니라, AI 시대에 필요한 진정한 공직 적격성을 시험하고 발전시키는 유의미한 과정이 될 수 있음을 알게 해 줄 것이며, 나아가 이 책을 통해 PSAT 학습을 AI 시대의 복잡한 문제를 해결하는 역량과 능력을 키울 수 있는 일종의 프로젝트형 과제 해결 프로그램으로 느낄 수 있게 될 것이다.

이 책이 미래 공직자에게 요구되는 다양한 역량 평가 기준이 반영된 AI 기반의 새로운 PSAT이 등장하는 데 마

중물의 역할을 할 수 있길 기대해 본다.

참고문헌

사이버국가고시센터. “시험문제 정답”, https://www.gosi.kr/cop/bbs/gosiQnaChoice.do

인사혁신처(2024.12.18). “공직 적격성평가(PSAT) 공동 활용으로 공공 부문 수험부담 낮춘다”, https://www.mpm.go.kr/innovation2016/NewsPolicy/Newspolicy/?boardId=bbs_0000000000000029&mode=view&cntId=3989&category=&pageIdx=9

인사혁신처(2025.3.4). “디지털 역량 강화 위해 ‘인공지능 전용관’ 신설”, https://www.mpm.go.kr/innovation2016/NewsPolicy/Newspolicy/?boardId=bbs_0000000000000029&mode=view&cntId=4026&category=&pageIdx=3

인사혁신처(2025.3.20). “인공지능 업무 효율 성과, 일하는 방식 바꿨다”, https://www.mpm.go.kr/innovation2016/NewsPolicy/Newspolicy/?boardId=bbs_0000000000000029&mode=view&cntId=4032&category=&pageIdx=5

01
공공 부문에 요구되는 변혁과 새로운 인재상

AI는 단순한 기술적 혁신을 넘어 사회, 경제, 문화 전반의 근간을 뒤흔들고 있으며, 이는 공공 영역과 공직의 역할마저 재편하고 있다. 지금까지 상상하기 어려웠던 초연결, 초지능 사회로의 전환은 공직자에게 새로운 역할과 소명을 부여함과 동시에 그들에게 요구되는 역량의 정의 자체를 변화시키고 있다. AI가 공공 행정의 지형을 어떻게 재편하고 있으며, 이러한 변화 속에서 미래 공직자에게 요구되는 새로운 인재상은 무엇인지 살펴본다.

기후 위기와 인공지능?

AI가 재편하는 공공 행정의 지형: 효율성을 넘어 가치 창출로

AI 기술의 도입은 공공 행정 시스템의 효율성을 획기적으로 향상하는 동시에 공직자의 업무 방식과 시민 서비스 제공 방식에 근본적인 변화를 가져오고 있다.

첫째, 반복적이고 정형화된 업무의 자동화 및 효율화를 들 수 있다. 과거에는 많은 인적 자원과 시간을 필요로 했던 민원 처리, 서류 심사, 데이터 입력 및 관리 등의 업무는 이제 AI 기반 챗봇, 자동화된 문서 처리 시스템, 로봇 프로세스 자동화(RPA) 등을 통해 신속하고 정확하게 처리되고 있다. 예를 들어, 대규모 예산 데이터 분석, 특정 사회 현상에 대한 통계 자료 취합, 단순 질의응답 처리 등은 AI가 훨씬 효율적으로 수행할 수 있다. 이는 공직자들이 단순 반복 업무에서 벗어나, 더욱 복잡하고 전략적인 사고를 요하는 고부가가치 업무에 집중할 수 있도록 인간 역량을 해방하는 계기가 된다.

둘째, 데이터 기반 정책 수립 및 의사 결정의 고도화를 들 수 있다. AI는 방대한 양의 비정형 데이터를 실시간으로 분석해 이전에는 불가능했던 통찰을 정책 입안자들에게 제공한다. 특정 지역의 복지 사각지대 발굴, 감염병 확산 예측, 도시 교통 체증 분석 등 복잡한 사회 문제에 대한 다차원적 분석이 가능해지면서 정책 결정은 더 이상 직관이나 경험에만 의존하는 것이 아니라 객관적인 데이터와 과학적인 예측에 기반하게 되었다. 이는 정책의 투명성과 효과성을 높이고, 국민 개개인의 필요에 더욱 세밀하게 부응하는 맞춤형 공공 서비스를 가능하게 한다. 최근 보고서들에서는 이러한 '알고리즘 거버넌스'의 중요성을 강조하며, 데이터 주도적 의사 결정이 공공 부문의 표준으로 자리 잡을 것임을 내다보고 있다.

셋째, 시민 서비스 경험의 혁신과 접근성 향상을 들 수 있다. AI는 시민들이 공공 서비스에 접근하는 방식을 더욱 편리하고 개인화된 형태로 변화시키고 있다. AI 챗봇을 통한 24시간 민원 상담, 개인별 맞춤형 정책 정보 제공, AI 기반 어시스턴트를 통한 행정 절차 안내 등은 시민들의 편의성을 극대화하고, 공공 서비스에 대한 만족도를 높이는 데 기여한다. 이는 디지털 약자에게는 여전히 도전 과제이지만, 정보 불균형을 해소하고 공공 서비스의 접근성을 민간 서비스 수준으로 끌어올릴 잠재력을 가지고 있음을 보여 준다.

넷째, 새로운 공공 행정 영역의 부상과 도전 과제를 들 수 있다. AI의 도입은 효율성과 편의성을 증대하지만, 동시에 예측 불가능한 새로운 도전 과제들을 야기한다.

AI 시스템의 알고리즘 편향성 문제, 개인정보 보호와 데이터 보안 강화, AI의 오작동 및 오남용 시 책임 소재, 그리고 AI 기술에 대한 시민들의 신뢰 확보 등은 AI 시대 공직자가 새롭게 직면해야 할 중요한 과제들이다. 따라서 공직자는 단순한 기술 사용자를 넘어, AI 기술의 윤리적이고 책임감 있는 적용을 위한 기준을 마련하고, AI 거버넌스를 구축하며, 기술의 사회적 영향을 선제적으로 관리하는 역할까지 수행해야 한다. 이처럼 공공 부문은 AI 기술을 단순히 업무 도구로 활용하는 것을 넘어, 기술이 사회에 미치는 광범위한 영향을 이해하고 관리해야 하는 새로운 변혁의 시기를 맞이하고 있다.

AI 시대, 공직자에게 요구되는 핵심 역량의 재정의

AI가 공공 행정의 지형을 근본적으로 변화시킴에 따라, 공직자에게 요구되는 인재상 또한 급변하고 있다. 과거 지식의 암기와 규정 준수를 강조하던 시대에서 벗어나, 이제 공직자는 AI를 도구 삼아 더 나은 공공 가치를 창출하고, 복잡한 사회 문제를 해결하며, 시민들과 진정으로 소통할 수 있는 역량을 갖춰야 할 때다.

첫째, 고도화된 인지적/분석적 역량이다. AI는 방대

한 데이터를 처리하고 복잡한 계산을 수행하지만, 그 결과물의 의미를 해석하고, 잠재된 오류를 찾아내며, 다양한 정보를 통합해 통찰을 도출하는 것은 여전히 인간의 역할이다. 여기에는 다음의 두 가지 역량이 포함된다.

① 비판적 사고 및 문제 해결 능력: AI가 제시하는 데이터나 분석 결과에 대해 맹목적으로 수용하지 않고, 그 타당성과 한계를 비판적으로 검토할 수 있어야 한다. 또한, AI가 해결할 수 없는 복잡하고 비정형적인 문제에 대해 창의적인 해결책을 모색하고, 다차원적인 관점에서 문제를 구조화하고 해결하는 능력이 필수적으로 요구된다. 공공 서비스의 복잡성이 증가할수록, 이러한 심층적인 사고 능력은 더욱 중요해질 수밖에 없다.

② 데이터 리터러시 및 AI 이해: 공직자는 데이터의 의미를 정확히 이해하고, 데이터를 기반으로 한 의사 결정을 내릴 수 있는 능력을 갖춰야 한다. 단순히 AI 모델을 사용하는 것을 넘어, AI 시스템의 기본적인 작동 원리, 인공지능 윤리, 알고리즘 편향성 등을 이해해 AI를 공공 목적에 맞게 효과적으로 관리하고 활용할 수 있어야 한다. 이는 최근 다양한 보고서에서 강조하는 '디지털 역량'의 핵심을 이루는 요소다.

둘째, 인간 중심적 가치와 사회적 역량이다. AI가 기술적 효율성을 극대화할수록, 인간 공직자의 '사람다움'은 더욱 중요해진다.

① 공감 및 소통 능력: AI는 인간의 감정이나 복잡한 맥락을 온전히 이해하기 어렵다. 공직자는 시민들의 다양한 목소리에 귀 기울이고, 그들의 숨겨진 니즈와 고충을 공감하며, 복잡한 정책을 쉽고 명확하게 소통하는 능력을 갖춰야 한다. 이는 AI가 대체할 수 없는, 공공 서비스의 본질적인 가치이자 시민의 신뢰를 얻는 핵심 요소다.

② 윤리적 판단 및 책임감: AI 활용 시 발생하는 윤리적 딜레마(예: AI 결정의 공정성, 개인정보 침해, 알고리즘의 차별 문제 등)에 대해 법적 · 윤리적 기준을 바탕으로 책임감 있는 판단을 내릴 수 있어야 한다. 투명하고 공정한 AI 활용을 위한 정책과 시스템을 구축하고 관리하는 역할이 중요해질 것이다. 이는 단순한 법규 준수를 넘어, 공공 가치를 지향하는 능동적인 윤리적 사고를 요구한다.

③ 협업 능력: AI 기술 전문가, 데이터 과학자, 그리고 다양한 부처와 민간 전문가들과의 긴밀한 협력을 통해 복합적인 공공 문제를 해결하는 능력이 더욱 중요해질 것이다. 공직자는 기술과 행정, 그리고 시민을 연결하는

가교 역할을 수행하며, 협력적 거버넌스를 구축하는 데 기여해야 한다.

셋째, 변화 적응 및 혁신 주도 역량이다. AI 기술의 발전 속도는 매우 빠르며, 이에 따라 행정 환경과 시민의 요구도 끊임없이 변화할 것이다.

① 학습 민첩성(Learning Agility): 새로운 기술과 정책, 변화하는 사회적 흐름에 빠르게 적응하고, 필요한 지식을 끊임없이 습득하며 자신의 역량을 발전시켜 나가는 능력이 필수적으로 요구된다. '평생 학습자'로서의 태도가 요구되며, 이는 단순히 주어진 업무를 처리하는 것을 넘어 능동적으로 새로운 역량을 개발하는 동력으로 작용하게 된다.

② 창의성 및 혁신 주도: AI를 단순한 도구로 활용하는 것을 넘어, AI 기술의 잠재력을 파악하고 이를 활용해 새로운 정책 아이디어를 발굴하며, 기존의 행정 시스템을 혁신적으로 개선할 수 있는 창의적인 사고방식이 중요해진다. 공직자는 문제 해결을 넘어 새로운 가치를 창출하는 혁신가로서의 자세가 요구된다.

결론: 새로운 공직의 시대를 위한 준비

AI 시대는 공직자에게 전례 없는 도전과 기회를 동시에 제시하고 있다. 단순한 업무 처리를 넘어, AI를 활용해 더욱 복합적이고 가치 지향적인 공공 서비스를 창출하고, 예측 불가능한 사회 변화에 능동적으로 대응할 수 있는 역량 있는 인재가 절실하다. 이는 공직 사회가 지향해야 할 새로운 인재상의 핵심이며, 이러한 인재를 선발하기 위한 채용 시스템의 변화는 피할 수 없는 시대적 요구다.

따라서 우리는 AI 시대 공공 행정의 본질적인 변화를 이해하고, 그에 따라 재정의되어야 할 인재상을 명확히 제시하며, 이러한 인재를 선발하기 위한 채용 제도의 진화 방향을 구체적으로 모색해야 할 단계에 직면해 있다. 다음 테마들에서는 이러한 큰 그림 속에서 PSAT이라는 특정 시험이 어떻게 변화해야 하는지, 그리고 AI 기술을 활용한 평가 방식의 혁신 및 기존 문제점 해소 방안 등을 더욱 심층적으로 다룰 것이다.

참고문헌

류현숙 외(2017.1.19). "인공지능 기술 확산에 따른 위험 거버넌스 연구". 한국행정연구원, https://sky.kipa.re.kr/%24/10240/contents/7137497

이정민(2023.4.26). "디지털 심화시대, 디지털 리터러시 강화 방안". 한국지능정보사회진흥원,

https://www.nia.or.kr/site/nia_kor/ex/bbs/View.do?cbIdx=66361&bcIdx=25487

조세현 외(2024.1.24). "디지털플랫폼정부 구현을 통한 정부혁신 이행방안 연구: RPA(Robotic Process Automation) 등 업무자동화 및 인공지능 기술 활용을 중심으로", 한국행정연구원, https://sky.kipa.re.kr/%24/10240/contents/7137613

조세현·우하린(2024.9.10). "공공 부문 AI 활용 활성화에 대한 공무원 인식과 정책제언". 한국행정연구원. 《행정포커스》, 171, https://www.nkis.re.kr/subject_view3.do?volId=IPVOL000000000009571&articleSeq=13

02
공직자의 기초 공통 역량 검정, PSAT

대한민국 공무원 채용의 역사에서 PSAT의 등장은 단순한 시험 과목의 변경을 넘어, 인재 선발 철학의 근본적인 전환을 의미하는 중대한 사건으로, 2004년 외무고시를 시작으로 지난 21년간 대한민국 공직자 선발의 핵심 기준으로 자리 잡았다. PSAT의 탄생 배경, 구성과 특성, 그리고 지금까지의 역할과 기여를 자세히 들여다본다. 간단히 'PSAT! 넌 누구냐?'라는 질문에 답을 해 보려고 한다.

노래하는 AI 보컬?

PSAT의 도입 배경: '고시 낭인'과 '암기 위주' 시험의 극복

PSAT 도입 이전의 행정고등고시(이하 행정고시)는 대한민국을 이끌어 갈 핵심 인재를 선발하는 통로였으나, 동시에 여러 가지 문제점을 안고 있었다. 당시의 비판은 크게 두 가지로 요약된다.

첫째, 과도한 지식 암기 위주의 평가 방식이었다. 행정법, 경제학 등 특정 전공과목에 대한 방대한 지식의 암기와 재생 능력이 당락을 좌우했다. 특히 1차 시험인 객관식 시험 과목에는 모든 직렬 시험에 교양 공통 과목으로 한국사, 영어 과목이 있었는데, 학원가에서는 이에 대한 준비에만 꼬박 1년이 넘게 걸리며, 그나마 고득점을 위한 과목도 아닌 것으로 인식되었다. 이는 실제 공직 수행에 필요한 종합적 사고력이나 문제 해결 능력보다는, 누가 더 많은 지식을 축적했는가를 겨루는 시험으로 변질되었다. 이로 인해 대학 교육은 고시 준비를 위한 수단으로 전락했고, 다양한 전공을 가진 유능한 인재들이 공직에 진입하기 어려운 구조적 장벽이 존재했다. 당시 국가 고등고시 1차 시험은 '암기와 단편적 지식 측정 위주'였다는 비판을 늘 받아 왔으며, 이는 변화하는 시대적 환경에 맞는 유동적이고 적응적인 인재 발굴에 한계가 있다는 의견과 분석이 많았다. 또한 단기간 암기 집중으로 고득점이 가능해 대학 사회를 고시 준비 장소로 전락시키는 원인으로도 지목되었다.

둘째, 이른바 '고시 낭인'의 양산과 막대한 사회적 비용 문제였다. 합격자와 불합격자 간의 지식 격차가 크지 않아, 한 번 시험에 떨어지면 수년간 시험에만 매달리는 '고시 낭인'이 양산되는 악순환이 반복되었다. 이는 젊은 인재들의 귀중한 시간을 소모시키고, 합격하지 못했을 경우, 그동안 공부해 온 고시 과목이 다른 분야로 전환하기 어려운 경력 단절을 야기해 국가적 차원의 인력 손실을 초래했다.

이러한 문제의식 속에서 2002년 당시 중앙인사위원회(현 인사혁신처)는 해결책으로 PSAT 도입을 결정했다. 그 목적은 명확했다. 특정 지식의 보유 여부가 아닌, 공직자로서 성공적으로 직무를 수행하는 데 필요한 기초적인 소양과 잠재력, 즉 '공직 적격성'을 측정하겠다는 것이었다. 기존 국가고시 1차 시험에서 측정될 수 없었던 문제 해결 능력(언어 능력, 자료 해석력), 상황 판단력을 측정해 공직 초급관리자로서의 잠재력과 기본 능력을 평가하고자 했다. 암기된 지식(Static Knowledge)이 아닌, 새로운 정보와 상황에 대응하는 동적 지식

(Dynamic Knowledge)을 평가해, 변화하는 행정 환경에 유연하게 대처할 수 있는 인재를 선발하는 것이 PSAT 도입의 핵심 철학이었다.

PSAT의 구성과 특성: 잠재력을 측정하는 사고력 평가

PSAT은 지원자의 지적 능력이 아닌, 잠재적인 직무 수행 능력을 평가하기 위해 설계된 '적성 검사(Aptitude Test)'의 성격을 띤다. 이는 정해진 교과목의 학습 성취도를 평가하는 '성취도 검사(Achievement Test)'와는 근본적으로 구별된다. PSAT의 핵심 특성은 다음 세 가지 평가 영역에 명확히 반영되어 있으며, 이들 영역은 국내 공직 적격성 검사 개발 연구를 통해 구체화되었다.

관련 연구에 따르면, PSAT 하위 영역 설정의 주요 원칙은 다음과 같다. 첫째, PSAT은 초급 관리자에게 필요한 기본적 소양을 측정하는 일반 적성과 공직 관련 적성을 측정한다. 둘째, 현재 직무에 대한 지식이나 기술보다는 인지적 문제 해결 능력, 환경 적응적인 상황 판단력 같은 초급 관리자로서 필요한 잠재력을 측정한다. 셋째, 이미 개발되어 사용되고 있는 검사에서 타당성이 검증된 영역을 참조한다. 이러한 원칙과 일반 적성 이론, 직무 분석 결과를 바탕으로 언어 논리 영역, 자료 해석 영역, 상황 판단 영역, 상식 영역(개발 당시 존재했으나 실제 시행되지 않음)의 네 가지 하위 영역이 설정되었다. 특히, 가드너(Gardner)의 지적 능력 다면 이론과 스턴버그(Sternberg)의 실무적 지능 개념이 영역 추출에 활용되었다.

각 영역의 구체적인 특성은 다음과 같다.

언어 논리 영역: 제시된 글의 내용을 정확하게 이해하고, 논리적 관계와 구조를 파악하며, 비판적 · 분석적 사고를 통해 새로운 정보를 추론하는 능력을 측정한다. 이는 공직자가 수많은 보고서와 법령, 민원 내용을 정확히 독해하고 그 의미를 파악하는 데 필수적인 능력이다. 언어 논리 영역은 언어 이해 및 종합력이라는 넓은 범주에 맞춰 다양한 내용과 유형의 문항 제작이 용이하다는 특징을 가진다.

자료 해석 영역: 통계표, 도표, 그래프 등 수치 자료를 통해 의미 있는 정보를 추출하고, 자료 간의 관계를 분석해 합리적인 결론을 도출하는 능력을 평가한다. 데이터 기반 행정이 중요해진 현대 사회에서 공직자에게 요구되는 기초적인 데이터 분석 및 활용 능력을 검증한다. 이 영역의 문항들은 공직 사회에서 다루는 물가 변동, 환율,

실업률 등 실제 행정 현실에서 다루는 자료 및 통계 해석 능력을 검사하는 실용적 성격을 가진다.

상황 판단 영역: 가상의 업무 상황과 복잡한 규정을 제시하고, 이를 바탕으로 상황을 정확히 이해해 합리적인 판단과 문제 해결을 요구한다. 이는 원칙과 규정을 다양한 현실 문제에 적용하고, 대안을 평가해 최적의 의사 결정을 내려야 하는 공직자의 직무 상황을 반영한다. 이 영역은 논리적 맥락 자체로 능력을 측정할 수 있어 공직 사회 맥락이 강조된 지문을 특별히 사용하지는 않는다.

이러한 구성을 통해 PSAT은 특정 지식 없이도 주어진 정보만을 활용해 문제를 해결하도록 설계되었다. 이는 전공에 따른 유불리를 최소화하고, 모든 수험생에게 공평한 출발선을 제공하려는 시도였다. 또한 PSAT 개발 시에는 '단순 평가가 아닌 복합적 문제 방식', '현실에 가까운 문제 구성', '지나치게 전문적이고 높은 수준의 지식을 요구하는 문제 지양', '정상적인 교육을 통해 다양하게 학습할 수 있는 능력 측정'이라는 원칙이 적용되었다.

PSAT의 도입 현황 및 지금까지의 역할

PSAT은 2004년 도입 이래 다양한 공무원 채용 시험에 단계적으로 확대 적용되어 왔다.

행정부

2004년 외무고시(현 외교관 후보자 선발시험) 1차 시험에 처음 도입되었으며, 2005년부터는 행정고시 및 기술고시(현 5급 공채 시험) 1차 시험에도 적용되어 지금에 이르고 있다. 한편, '전국 지역 인재 7급 수습 직원 선발시험'(대학 추천제)도 5급 공채 시험 실시 때 같은 PSAT으로 시험을 치른다.

민간의 우수 인재를 공직에 유치하고, 공직 구성의 다양성을 확대하며, 전문성을 강화하기 위해 '국가공무원 5·7급 민간경력자 일괄채용시험(민간경력채용시험)' 제도가 시행 중이다. 민간경력채용시험은 5급은 2011년, 7급은 2015년에 각각 도입되었으며, 필기시험으로 PSAT을 활용하고 있다.

공무원 학원가에 가장 큰 관심과 반향을 불러일으켰던 사건은 국가직 7급 공채 시험에 도입된 PSAT이다. 2019년 「공무원임용시험령」 개정을 통해 7급 공채 시험에도 PSAT 도입이 확정되었으며, 2021년부터 PSAT이 실시되고 있다. 국가직 7급 공채에 PSAT의 도입은 향후 다른 분야 시험 및 다른 직급의 시험에도 연쇄적으로

PSAT 도입 논의가 급물살을 탈 것으로 예상되었다.

입법부

입법부인 국회는 국회사무처를 통해 매년 입법고시(입법 5급 공채)를 실시해 오고 있다. 국회사무처는 당시 외무고시에 PSAT이 처음 도입되었던 2004년 다음 해인 2005년 입법고시부터 바로 PSAT을 도입했다.

국회사무처는 8급 공무원 채용시험에 2025년부터 PSAT을 도입했다. 이는 행정부의 국가직 7급 공채시험과 균형을 맞추기 위한 조치로, 국가직 7급 공채에 PSAT 도입 당시 국어 과목을 대체하면서 PSAT이 도입되었는데, 국회사무처 8급 공무원 채용시험 역시 같은 방식으로 PSAT 도입이 이루어졌다.

사법부

사법부 역시 법원행정처를 통해 매년 '법원행정고시'를 실시해 법원 사무관(5급 공무원)을 선발해 오고 있다. 전통적으로 1차 2차 시험 모두 법학 과목으로 치러지며, 지금은 사라진 옛 사법시험과 유사한 형태의 시험이다. 이 시험에 2025년부터 1차 객관식 시험에 PSAT이 도입되었다.

향후 확대 도입 계획 및 제도 개편 방향

인사혁신처는 2027년부터 지방직 공무원 7급 공채 시험에 PSAT을 도입한다고 밝혔다. 현행 국가직 공무원 7급 공채 시험과 같은 방식이 되는 것이다. 나아가 인사혁신처는 공무원 채용 시험뿐만 아니라 공공 부문 즉, 공사·공단·공기업 같은 공공 기관 채용 시험에도 PSAT이 '공통 역량 검정시험'으로 활용될 수 있도록 범용성을 높일 계획을 갖고 있다. 운영 방식은 PSAT을 공무원 채용 시험의 한 단계가 아닌 '검정시험'으로 전환하고(「공무원임용시험령」 개정), 수험생이 한 번의 PSAT 응시로 여러 공공 부문 채용 시험(공무원 채용 시험, 공공 기관 채용 시험 등)에 지원할 수 있게 해 수험생의 부담을 줄이고 진로 전환을 용이하게 하도록 하는 것이 개편의 골자다.

지난 20년간 PSAT은 대한민국 공무원 채용 제도에 다음과 같은 중요한 기여를 해왔다. 첫째, 채용 과정의 공정성과 객관성을 획기적으로 향상했다. 둘째, 종합적 사고 능력을 갖춘 인재 선발의 통로 역할을 했다. 셋째, 수험생의 부담 경감 및 시험 준비의 예측 가능성 증대에 기여했다.

참고문헌

김청택 외(2001.11.1). "공직 적격성 검사의 개발". 《한국조사연구학회》. 추계학술대회 발표논문집, 89-109쪽, https://koreascience.kr/article/CFKO200111921930270.page?&lang=ko

인사혁신처(2024.12.18). "공직 적격성평가(PSAT) 공동 활용으로 공공 부문 수험부담 낮춘다", https://www.mpm.go.kr/innovation2016/NewsPolicy/Newspolicy/?boardId=bbs_0000000000000029&mode=view&cntId=3989&category=&pageIdx=9

중앙인사위원회(2002). "공직 적격성테스트(PSAT) 예제집", https://psat.lawschool.co.kr/nlawschool/board/infomation/view.asp?pageNo=12&num=13236&field=7&mnNum=5&subMnNum=1&bbsCode=300&s_mid_code=&s_flag=&mock_type=&keyfield=&keyword=

03
현행 PSAT의 명과 암

PSAT은 기존의 암기 위주 시험 방식에서 벗어나 공직 수행에 필요한 종합적인 사고력과 문제 해결 능력을 평가하겠다는 혁신적인 목표를 가지고 도입되었다. 그러나 모든 제도에는 '명(明)'과 '암(暗)'이 공존하듯, PSAT 역시 공직 채용의 공정성과 객관성을 높이는 데 크게 기여했다는 긍정적 평가와 함께, 새로운 문제점과 한계를 노출하고 있다는 비판을 받고 있다. PSAT의 '명'과 '암'을 자세히 살펴보고, 이를 통해 PSAT이 나아가야 할 방향을 모색해 본다.

인공지능과 편향?

PSAT의 '명': 공정성, 객관성 그리고 인재 선발의 긍정적 기여

PSAT은 공직 채용의 투명성과 합리성을 제고하는 데 크게 기여했으며, 이는 도입의 가장 중요한 성공 요인으로 평가된다.

우선, PSAT은 개발 단계부터 과학적인 심리측정학적 방법론을 적용해 문항의 신뢰도와 타당도를 확보하고자 했다는 점에서 그 객관성을 높이 평가받는다. 당시 PSAT 개발에 대한 연구 자료에 따르면, PSAT은 일반 적성 이론에 관한 문헌 조사와 재직자와의 면접을 통한 직무 분석 결과를 바탕으로 언어 논리 능력, 상황 판단 능력, 자료 해석 능력, 상식의 네 가지 하위 영역을 측정하도록 설계되었다. 특히 문항의 난이도 설정 및 검사 설계에는 문항 반응 이론(IRT, Item Response Theory)을 적용해, 문항의 곤란도(어려움 정도)를 과학적으로 산출하고, 피험자의 능력과 문항 특성을 동시에 측정할 수 있도록 정교함을 추구했다. 이러한 과학적 접근은 PSAT이 단순한 지식 암기 시험을 넘어, 공신력 있는 적성 평가 도구로서의 입지를 다지는 데 결정적인 역할을 했다.

다음으로, 종합적 사고 능력 및 직무 잠재력 중심 인재 선발을 들 수 있다.

PSAT은 단순한 지식 암기 능력이 아닌, 공직자가 실제 직무에서 마주하는 다양한 문제 상황을 해결하는 데 필요한 논리적 · 비판적 사고력, 자료 분석 및 정보 추론 능력, 판단 및 의사 결정 능력 등 종합적인 사고력을 측정하는 데 초점을 맞춘다. 이는 기존의 전공 지식 암기 위주 시험이 간과했던 공직 수행의 핵심 역량을 평가하겠다는 도입 취지에 부합한다. 특히 방대한 보고서의 요지를 신속하게 파악하는 능력(언어 논리), 예산 및 성과 데이터를 분석하는 능력(자료 해석), 복잡한 민원과 규정을 처리하는 능력(상황 판단)은 모든 부처의 공무원에게 요구되는 핵심적인 공통 역량이다. 이는 PSAT이 의도했던 대로 '생각하는 인재', 즉 주어진 정보를 바탕으로 합리적인 의사 결정을 내릴 수 있는 인재를 선발하는 데 효과적이었음을 방증한다.

또한, PSAT이 지원자의 '잠재적인' 직무 수행 능력을 평가하는 '적성 검사'의 성격을 띤다는 점은, 특정 분야의 학문적 지식 유무를 떠나 공직자로서의 기본적인 소양과 성장 가능성을 지닌 인재를 폭넓게 선발할 수 있게 했다. 이는 다양한 전공 배경을 가진 우수 인재들이 공직에 진입할 수 있는 기회를 확대하는 효과도 가져왔다.

세 번째로, PSAT 도입의 중요한 명분 중 하나는 수험생의 과도한 부담을 줄이고 대학 교육의 정상화를 유도하는 것이었다. 방대한 전공과목을 암기해야 했던 기존의 1차 시험과 달리, PSAT은 특정 지식을 요구하지 않는 '적성 시험'의 형태를 띠므로, 이론적으로는 별도의 선행 학습 없이도 기초 소양으로 응시할 수 있을 것이라는 기대가 있었다.

실제로 PSAT 도입 당시 중앙인사위원회는 '고시 학원에서 학습될 수 있는 내용보다는 정상적인 교육을 통해 다양하게 학습할 수 있는 능력 측정'을 시도해, '충실한 교육을 받고 교양 분야의 지식을 쌓은 사람들이 부가적인 준비 없이도 PSAT에 응시할 수 있도록 유도'하고, 결과적으로 '고시 준비로 인한 사회적 비용을 절감'할 수 있을 것이라는 기대를 표명했다. 1차 시험을 PSAT으로 대체함으로써 수험생들은 2차 전문 과목에 더 집중할 수 있게 되었으며, 이는 수험 기간 단축의 가능성을 열어 두는 효과도 있었다.

끝으로, 민간 부문 취업과의 호환성을 들 수 있다. PSAT은 민간 기업 · 공공 기관 채용에서 활용하는 삼성 GSAT, LG 직업 적합성 검사, 현대자동차 HMAT, SK, SKCT, 포스코 PAT 등 적성 검사나, 한전, 산업은행, 수출입은행, 한국공항 공사 등 모든 중앙 부처 산하 공공 기관은 물론 지방 자치 단체 산하 공공 기관도 도입 중인 NCS와 매우 흡사하다. 따라서 장기간의 학습과 훈련을 통한 공무원 시험 준비는 수험생의 지식과 숙련도를 향상하고, 중도에 공무원 시험을 포기하고 민간 부문에 취업하더라도 생산성 제고 효과를 거둘 수 있다. 수험생은 학습을 통해 사고력과 판단력을 기르고 다양한 지식을 습득함으로써 인적 자본(General Human Capital)을 축적한다는 점은 분명하다.

PSAT의 '암': 기술(스킬)화, 사교육 팽창, 측정 한계 및 AI 시대의 변화 요구

PSAT은 혁신적인 도입 목표와 긍정적인 기여에도 불구하고, 시간이 흐르면서 여러 약점과 역기능을 노출하며 지속적인 개선의 필요성이 제기되고 있다. 특히 인공지능 시대로의 전환은 공직 채용 제도에 새로운 변화의 필요성을 제기한다.

첫째, PSAT이 '선행 학습 없이 해결할 수 있는 시험'을 표방했음에도, 현실에서는 고득점을 위한 '문제 풀이 기술(스킬)'을 가르치는 대규모 사교육 시장이 형성되었다는 점은 가장 큰 비판 중 하나다. 언론에서는 'PSAT 전문 학원'의 존재를 언급하며, 수험생들이 여전히 고액의 사교육에 의존하는 현실을 지적하고 있다.

이는 PSAT이 본래 측정하려고 했던 순수한 적성이나 잠재력이 아닌, 반복 훈련을 통해 습득된 기술과 요령을 평가하는 시험으로 변질될 수 있다는 우려를 낳는다. 이러한 '기술화'는 결국 수험생들에게 또 다른 형태의 학습 부담과 경제적 부담을 가중하며, 경제적 배경에 따른 교육 기회의 불평등을 야기한다는 비판에서 자유롭지 못하다. 초기 PSAT이 기대했던 '수험생 부담 완화'나 '사교육 의존도 감소'라는 긍정적 효과는 역설적으로 달성되지 못하고 있다는 지적이 많다.

둘째, 비인지적 역량 측정의 명백한 한계를 들 수 있다. PSAT은 언어 논리, 자료 해석, 상황 판단 같은 '인지적' 능력 측정에 초점을 맞추어 개발되었다. 관련 연구 자료에서도 PSAT이 초급 관리자에게 필요한 '인지적' 문제 해결 능력 및 상황 판단력 같은 잠재력을 측정한다고 명시하며, 인성과 관련된 요인들은 지필 검사 측정에 제한이 있고, 법적/도덕적 문제 소지가 있어 제외되었다고 설명한다. 그러나 현대 공직 사회는 단순히 지적 능력만으로는 부족하며, 창의성, 소통 능력, 협업 능력, 리더십, 갈등 관리 능력, 윤리 의식, 공감 능력 같은 '비인지적' 혹은 '사회적' 역량의 중요성이 더욱 부각되고 있다. PSAT

은 지필 고사라는 형식적 한계로 인해 이러한 중요한 다면적 역량을 효과적으로 평가할 수 없다는 근본적인 약점을 지닌다. 복잡한 사회 문제를 해결하고 다양한 이해관계자와 소통해야 하는 공직자의 직무 특성을 고려할 때, PSAT이 '공직 적격성'을 완벽하게 측정한다는 초기 기대는 부분적인 한계에 직면하게 되었으며, 급변하는 사회가 요구하는 복합적인 인재상에 대응하기에는 역부족이라는 평가가 나온다.

셋째, 과도한 시간 압박으로 인한 '순발력 테스트'로의 변질을 들 수 있다. PSAT 시험은 한 문항당 주어지는 시간이 매우 짧아(대략 2분 내외) 복잡한 논리 및 계산 문제를 신속하게 해결해야 한다. 이러한 시간 제약은 깊이 있는 숙고 능력보다는 빠르고 기계적인 문제 해결 능력을 우선시하게 만든다는 비판을 받고 있다. 학원가 및 수험생들은 이를 '역량 테스트'라기보다는 '순발력 테스트'에 가깝다고 평가하기도 한다. 이는 공직자가 실제 업무에서 요구되는 심층적인 분석과 충분한 시간을 들인 의사 결정 과정과는 괴리가 발생할 수 있음을 시사한다. 신속성도 중요하지만, 정확성과 숙고를 바탕으로 한 신중한 의사 결정이 중요한 공직의 특성을 고려할 때, 과도한 시간 압박은 시험의 본래 목적을 왜곡할 수 있다는 우려가 제기된다.

끝으로, AI 시대에 요구되는 인재상을 반영한 공직 채용의 변화가 필요하다. 미래의 공직자는 AI가 대체하기 어려운 고유한 인간 역량, 즉 창의적 사고, 비판적 판단, 복잡한 문제 해결을 위한 융합적 사고, 공감 능력, 윤리적 판단, 변화에 대한 적응력을 더욱 강조해야 한다. 현행 PSAT이 주로 측정하는 인지적 사고력은 여전히 중요하지만, AI 시대에는 새로운 관점에서 접근할 필요가 있다. 예를 들어, AI가 생성한 방대한 정보를 비판적으로 분석하고 활용하는 능력, AI를 활용해 정책 대안을 개발하고 복잡한 사회 문제를 해결하는 능력 등 디지털 리터러시와 AI 활용 역량이 미래 공직자에게 필수적인 요소로 부각되고 있다. PSAT이 이러한 새로운 시대적 요구를 온전히 반영하기 어렵다는 점은, 공직 채용 시스템 전반에 대한 재검토와 혁신적인 개선이 필요함을 시사한다. 미래 사회에 적합한 인재를 선발하기 위해서는 PSAT의 측정 영역을 확장하거나, 다른 평가 도구를 병행해 AI 시대에 필요한 핵심 역량을 다면적으로 평가할 수 있는 방안이 적극적으로 모색되어야 할 것이다.

이 외에도 최근에는 국가직 7급 공채 PSAT의 변별력을 위한 난이도 조절의 필요성이 제기되었다. 즉, 합격

선이 90점대에 이르면서, PSAT 문항의 난이도 조절 실패로 인한 변별력 문제와 특정 유형에 익숙해진 수험생에게 유리한 시험(앞서 살펴본 기술화의 심화)으로 전락했다는 비판이 제기되었다.

성공적 혁신에 이은 진화의 필요성

PSAT은 21세기 대한민국 공직 사회가 요구하는 인재상을 반영하기 위한 성공적인 혁신이었다. 과거의 암기 위주 시험에서 벗어나 사고력과 잠재력 중심의 평가로 패러다임을 전환했으며, 채용의 공정성과 객관성을 확립하는 데 지대한 공헌을 했다.

그러나 '시험의 기술화'로 인한 사교육 문제, 비인지적 역량 측정의 한계, 과도한 시간 압박 등은 PSAT이 직면한 '암'의 영역이다. 특히 AI 시대로의 전환은 PSAT이 초기 도입 당시 지향했던 이상적인 목표와 더불어, 미래 공직자에게 요구되는 새로운 역량(창의성, 융합적 사고, 디지털 리터러시 등)을 포괄적으로 평가할 수 있는가에 대한 근본적인 질문을 던지고 있다. 따라서 PSAT은 '완성된 시험'이 아닌, 시대의 요구에 맞춰 끊임없이 진화해야 하는 '과정의 시험'으로 인식되어야 한다. 그동안의 기여를 인정하고 그 가치를 이어 가되, 드러난 한계를 보완하기 위한 다각적인 노력이 필요하다.

참고문헌

김청택 외(2001.11.1). “공직 적격성 검사의 개발”. 《한국조사연구학회》. 추계학술대회 발표논문집, 89-109쪽, https://koreascience.kr/article/CFKO200111921930270.page?&lang=ko

최수정(2023). “PSAT(공직 적격성평가)의 문제점과 개선방향”. 《인간과자연》, 4(2), 347-386쪽, https://www.kci.go.kr/kciportal/ci/sereArticleSearch/ciSereArtiView.kci?sereArticleSearchBean.artiId=ART003026590

허현숙·황병선(2021). “PSAT(공직 적격성평가)와 대학 기초교육과의 상관관계에 대한 연구”. 《지식융합연구》, 4(2), 165-188쪽, https://www.kci.go.kr/kciportal/ci/sereArticleSearch/ciSereArtiView.kci?sereArticleSearchBean.artiId=ART002795591

04
PSAT 언어 논리 영역의 개편

PSAT의 여러 영역 중 '언어 논리 영역'은 문장 구성 및 이해 능력, 표현력, 추론 능력, 논리적 · 비판적 사고력을 종합적으로 평가함으로써 공직자에게 필수적인 정보 해독 및 분석, 합리적 의사 결정 능력의 기반을 측정하는 핵심 영역이라고 할 수 있다. 그러나 PSAT 도입 후 20여 년이 흐른 지금, 과연 언어 논리 영역이 본래의 취지에 맞게 운영되고 있는지, 나아가 AI 기술이 행정 패러다임을 바꾸고 있는 현시점에서 미래 공직 사회가 요구하는 역량을 제대로 평가하고 있는지에 대한 심도 있는 검토가 필요하다.

청각장애인과 AI?

비판적 사고력을 측정하는 언어 논리 영역

언어 논리 영역의 근본적인 평가 목표는 특정 학문 분야의 전문 지식을 묻는 것이 아니라, 다양한 텍스트를 논리적으로 이해, 표현, 추론, 비판하는 종합적 사고 능력을 측정하는 데 있다.

언어 논리, 자료 해석, 상황 판단의 세 영역은 공통적으로 '논리적 사고 능력'을 평가하며, 그중에서도 언어 논리 영역은 텍스트 자료에 대한 논리적 이해, 표현, 추론, 비판 능력을 중점적으로 측정한다.

이는 주어진 정보로부터 새로운 정보를 이끌어 내고(추론), 제시된 논증의 구조를 분석해 타당성, 일관성, 적절성 등을 판단하는(논리적 사고력) 능력, 즉 '비판적 사고(Critical Thinking)' 역량을 핵심적으로 평가하는 것과 맞닿아 있다. 비판적 사고는 급변하는 정보의 홍수 속에서 당면한 문제의 본질을 파악하고 합리적인 해결책을 강구하는 데 필수적인 고차원적 사고 능력으로, 문제 해결형 공직 인재 선발이라는 PSAT의 도입 취지를 가장 잘 반영하는 평가 목표라고 할 수 있다.

PSAT 언어 논리 영역 문항 유형별 분석

PSAT 언어 논리 영역의 문제 유형은 정부(인사혁신처)

의 공식적 견해는 아니며 학원가에서 기출된 문제를 자체적으로 분석한 유형에 따른다. 이 책에서는 문제 유형을 크게 독해형, 논증 분석형, 논리 퀴즈형의 세 가지 유형으로 나누어 살펴본다.

독해 기반 유형: 정보의 정확한 이해와 추론

가장 기본적인 유형으로, 제시된 지문의 정보를 얼마나 빠르고 정확하게 이해하고 처리하는지를 평가한다. 지문의 소재는 인문, 사회, 자연과학 등 특정 분야에 치우치지 않고 다양하게 출제된다. 여기에는 내용 일치 · 부합형과 추론형으로 다시 나눌 수 있다. 내용 일치 · 부합형은 지문에 명시적으로 제시된 정보와 선택지의 내용을 직접적으로 비교해 일치 또는 부합 여부를 판단하는 유형이며, 추론형은 제시된 정보를 근거로 논리적 개연성을 따져 새로운 정보를 이끌어 내는 유형이다.

논증 분석 유형: 논리 구조의 파악과 평가

단순한 내용 이해를 넘어, 지문에 제시된 주장과 근거 사이의 논리적 관계를 분석하고 평가하는 능력을 요구하는 고차원적 유형이다. 여기에는 강화 · 약화 유형과 논증 평가 및 분석 유형으로 다시 나눌 수 있다. 강화 · 약화 유형은 지문의 특정 주장, 가설, 논증에 대해 '보기'나 선택지에 제시된 새로운 정보가 어떠한 영향을 미치는지(주장을 더 강화하는지, 약화하는지) 판단하는 유형으로 새로운 정보가 기존 주장의 신뢰도에 미치는 영향을 판단하게 함으로써 비판적 사고력을 측정한다. 논증 평가 및 분석 유형은 두 개 이상의 대립하는 견해나 논쟁을 제시하고, 각 입장의 논리적 관계(공통점, 차이점, 논리적 오류 등)를 분석하거나, 특정 관점에서 다른 관점을 평가하도록 요구하는 유형이다.

논리 퀴즈 유형: 형식 논리에 기반한 연역 추리

흔히 '논리 게임'으로 불리는 유형으로, 지문이 문학이나 설명문이 아닌 일련의 규칙과 조건으로 주어지며, 이를 바탕으로 참인 명제를 도출하는 유형이다. 여러 인물, 사물, 조건 간의 관계를 규정하는 명제들을 제시하고, 이를 조합해 모순 없는 결론을 이끌어 내도록 하는 문제 유형으로, "다음 글의 내용이 참일 때, 반드시 참인 것은?" 이라는 발문 형식을 취하는 경우가 많다. 이 유형은 주어진 정보를 기호화하고 형식 논리의 추론 규칙(조건문, 선언문, 연언문 등)을 정확하게 적용해 결론을 도출하는 연역적 사고 능력을 집중적으로 평가한다. '논리 게임'은 수험생들이 부담을 가장 크게 갖는 유형으로 꼽히며, 뒤에서 살펴볼 상황 판단 영역에도 같은 유형이 등장한다.

현행 PSAT 언어 논리 영역의 한계

도입 당시 혁신적인 채용 도구로 활약해 온 PSAT도 20년 이상의 세월이 흐르면서, 많은 논란과 한계를 드러냈다. AI 시대 새로운 환경과 인재상을 반영하지 못하는 근본적인 문제 외에 그동안 지적되어 온 언어 논리 영역의 문제점을 살펴본다.

공직 적합성 및 직무 연관성 부족

가장 큰 문제점으로 지적되는 것은 시험 문제와 실제 공직 업무 간의 괴리다. 관련 연구에 따르면, 언어 논리 영역의 지문 대부분이 행정 업무와 직접적 관련이 적은 교양 수준의 내용(철학, 역사, 과학 등)으로 구성되어 있어, 공직 관련 지문이 부족하고, 타 민간 기업 적성 검사와의 차별성이 부족하다. 이는 PSAT이 MEET(의학 교육 입문 검사), DEET(치의학 교육 입문 검사), LEET(법학 적성 시험) 등 다른 적성 시험과 지문 및 주제 면에서 높은 유사성을 보이는 현상에서도 드러난다. 심지어 일부 NCS 문제와 동일한 문제가 출제되거나, 민간 경력 채용 시험과 7급 공채, 대통령 경호처 시험이 동일한 문제로 치러지는 사례는 공무원의 직무별 전문성과 특수성이 충분히 고려되지 않고 있음을 방증한다. 이로 인해 실제 업무 수행 능력이 뛰어난 인재가 PSAT의 문턱을 넘지 못하는 경우가 발생할 수 있다(최수정, 2023).

'속독 시험'으로의 변질 및 사고력 측정의 한계

문항당 2분 내외의 과도한 시간 압박은 수험생들이 지문의 내용을 깊이 있게 이해하고 비판적으로 성찰하기보다는, 정답을 찾는 요령과 속독 기술에 치중하게 만든다. 연구자들은 이러한 현실을 비판하며, 현재의 PSAT이 '종합적 사고력 측정'이라는 본래 취지와 달리 '빨리 읽고 답만 찾는 순발력 테스트'로 변질되었다고 지적한다. 이는 행정 현장에서 요구되는 신중하고 심층적인 문제 분석 및 의사결정 능력 함양과는 거리가 멀다. 또한, 지문은 길지만 깊이 있는 능력을 평가하기 어렵다는 비판도 제기된다(최수정, 2023).

시험 간 난이도 조절 실패 및 역전 현상 발생

최근 대학수학능력시험 국어 영역의 난이도가 급상승하면서, 일부 수능 문항이 PSAT보다 어렵다는 평가가 나올 정도로 시험 간 난이도 역전 현상이 발생하고 있다. 이는 공직자를 선발하는 시험의 위상과 변별력에 대한 의문을 제기한다. 실제로 수능 고득점을 위해 PSAT나 LEET 기출문제를 푸는 수험생이 늘어나는가 하면, 반대로 7급 공무원 준비생이 수능 문제집을 푸는 현상은 두 시험의 경계가 모호해졌음을 보여 준다. 이러한 현상은 시험의 고유한 목적성을 약화하고, 우수 인재를 효과적으로 선별하는 기능을 저해할 수 있다.

유형의 정형화와 사교육 의존도 심화

PSAT이 시행된 지 20년이 넘으면서 문제 유형이 상당 부분 정형화되었다. 이는 수험생들이 근본적인 사고력 향상보다는 유형별 문제 풀이 기술 습득에 매몰되게 만들며(기술화 문제), 결과적으로 사교육 시장에 대한 의존도를 심화하는 부작용을 낳는다. 이는 '고시 낭인' 문제와 학원 강의 의존도를 해소하려던 PSAT의 도입 취지와 상반되는 결과다.

AI 기반 PSAT 언어 논리 영역 제언

현행 지필 고사 방식의 한계를 넘어 AI 시대가 요구하는 미래 지향적 역량을 효과적으로 측정하기 위해 다음과 같은 AI 기반의 새로운 언어 논리 영역 평가 방식을 제언한다.

AI 생성 텍스트 비판 및 논증 재구성

특정 정책 현안에 대해 AI가 생성한 보고서나 기사 형식의 장문 텍스트를 제시한다. 수험생은 해당 텍스트의 핵심 논지를 요약하고, 숨겨진 전제나 논리적 오류, 데이터의 편향성을 지적하며, 더 설득력 있는 논증 구조로 재구성하는 과제를 수행한다. 이는 AI 결과물에 대한 비판적 분석 능력, 논증 구성 능력, 정보의 신뢰도 판단 능력을 종합적으로 평가할 수 있다.

대화형 AI 기반 정보 탐색 및 문제 해결

가상의 정책 결정 상황(가령, 신종 감염병 대응 방안 수립 상황)을 제시하고, 수험생이 제한된 시간 내에 대화형 AI(챗봇)에게 질문해 필요한 정보를 수집, 분석하게 한다. 수집된 정보를 바탕으로 문제의 원인을 진단하고, 합리적인 정책 대안과 그 기대 효과를 서술하는 과제를 부여한다. 서술형이 바람직하나 어려울 경우, 객관식으로 선지를 구성할 수 있다. 이는 AI를 활용한 효율적인 정보 탐색 및 질의 능력(프롬프트 엔지니어링), 정보 종합 능력, 복합 문제 해결 능력을 평가한다.

다중 정보 소스 통합 및 보고서 작성

동일한 주제에 대해 상반된 관점을 담은 언론 기사, 관련 법규 조항, 통계 자료, 그리고 이들을 요약한 AI 생성 보고서를 함께 제공한다. 수험생은 이 모든 정보를 종합적으로 검토해 균형 잡힌 시각의 개요 보고서를 작성하도록 한다. 이는 상충하는 정보 속에서 핵심을 파악하는 능력, 다중 소스 정보 통합 능력, 균형 잡힌 보고서 작성 능력을 평가한다. 서술형이 바람직하지만 어려울 경우, 장문의 보고서를 객관식 선지로 평가하는 방식을 고려할 수 있다.

시뮬레이션 기반 윤리적 딜레마 판단

AI 기반 민원 대응 시스템이 특정 계층에게 차별적인 답변을 제공하는 등 윤리적 딜레마가 발생하는 시뮬레이션 상황을 제시한다. 수험생은 문제 상황을 분석하고, 공정성, 투명성, 책임성 등 공직 가치에 입각해 바람직한 해결 방안과 제도적 보완책을 제시하도록 한다. 이는 디지털 윤리 감수성, 공직 가치 이해도, 실제 상황에서의 윤리적 판단 및 의사 결정 능력을 평가한다.

PSAT 언어 논리 영역은 지난 20년간 대한민국 공직 사회에 필요한 논리적 · 비판적 사고력을 갖춘 인재를 선발하는 데 기여해 왔다. 그러나 직무 연관성 부족, 속독 시험으로의 변질, 타 시험과의 변별력 약화 등 해결해야 할 과제 또한 명확하다.

단기적으로는 공직 및 AI 관련 지문을 확대하고 심층적 사고를 유도하는 문항 설계를 통해 시험의 내실을 다져야 한다. 궁극적으로는 AI가 행정의 필수 도구가 될 미래 사회에 대비해, AI와의 협업 능력, AI 결과물에 대한 비판적 검증 능력, 디지털 윤리 감수성 등 새로운 시대가 요구하는 핵심 역량을 평가할 수 있도록 시험 패러다임을 과감히 전환해야 한다.

참고문헌

김나연(2023.3.13). "얼마나 어렵길래… 로스쿨·고시마저 수능으로 준비". 《경향신문》, https://www.khan.co.kr/article/202303131623001

사이버국가고시센터. "2020~2025 5급 공채 언어 논리 영역 기출문제", https://www.gosi.kr/cop/bbs/selectGosiQnaList.do

최수정(2023). "PSAT(공직 적격성평가)의 문제점과 개선방향". 《인간과자연》, 4(2), 347-386쪽, https://www.kci.go.kr/kciportal/ci/sereArticleSearch/ciSer

eArtiView.kci?sereArticleSearchBean.artiId=ART00302659
0

05
PSAT 자료 해석 영역의 개편

자료 해석 영역은 통계표, 그래프, 보고서 등 다양한 형태로 제시된 양적 자료를 바탕으로 정보를 추출, 분석, 추론하는 능력을 측정하는 핵심 영역이다. 그러나 PSAT 도입 후 20여 년이 흐른 지금은 본래 취지를 충분히 달성하고 있는지에 대한 비판적 성찰에 직면해 있다. 단순 계산이나 분석 능력보다, AI가 생성한 데이터와 분석 결과를 비판적으로 검토하고, 데이터 이면의 사회 · 정책적 맥락을 깊이 있게 해석하며, 데이터 활용 과정의 윤리적 문제를 성찰하는 고차원적 데이터 리터러시가 핵심 역량으로 부상하고 있다.

AI 콘텐츠 크리에이터?

PSAT 자료 해석 영역 문항 유형별 분석

PSAT 자료 해석 영역의 문항들은 수험 전략 및 평가 역량에 따라 크게 네 가지 유형으로 분류할 수 있다(정부 공식 견해는 아님). 각 유형은 독립적으로 출제되기도 하지만, 고난도 문항일수록 여러 유형의 특징이 복합적으로 나타나는 경향을 보인다.

단순 확인 및 계산형

표나 그래프에 제시된 특정 수치를 직접 찾아내거나, 이를 바탕으로 덧셈, 뺄셈, 간단한 곱셈, 나눗셈 등 기본적인 사칙 연산을 통해 선택지의 진위를 판단하는 유형이다. 자료의 구조(표의 가로축, 세로축, 단위 등)를 신속하게 파악하는 능력과 정확하고 빠른 계산 능력이 요구된다. 시간 단축을 위해 불필요한 계산을 최소화하고, 선택지에서 요구하는 정보만 정확히 찾아내는 것이 중요하다. 이는 데이터 리터러시의 가장 기초적인 단계인 '데이터 독해(Data Reading)' 능력을 평가한다.

증감률·비중·비율 계산형

자료 해석 영역에서 가장 높은 비중을 차지하는 핵심 유형이다. 전년 대비 증감률(변화율), 전체 대비 구성비

(비중), 특정 항목 간의 상대적 비율(A 대비 B의 비율) 등 가공된 수치를 계산하고, 그 값의 대소를 비교하도록 요구하는 문제로 구성된다. 정확한 계산보다는 '어림산(approximation)'과 '분수 대소 비교' 기술을 활용해 빠르고 효율적으로 대소 관계를 판단하는 능력이 당락을 좌우한다. 이는 단순 계산 능력을 넘어 데이터의 상대적 크기와 시간적 변화의 추세를 파악하는 '정량적 추론(Quantitative Reasoning)' 역량을 측정한다.

자료 변환 및 매칭형

하나의 자료(예: 수치가 담긴 표)를 다른 형태의 자료(예: 비율을 나타내는 그래프)로 올바르게 변환했는지를 묻는 유형이다. 여러 항목과 그에 대한 설명을 논리적으로 연결하는 '짝짓기' 문제도 이 범주에 포함된다. 모든 값을 변환하기보다, 최댓값, 최솟값, 증감 패턴의 변곡점 등 눈에 띄는 '특이점'을 기준으로 오답 선택지를 빠르게 소거하는 전략이 유효하다. 데이터의 본질적 의미를 파악하고, 이를 다양한 시각적 형태로 재구성하고 해석하는 '데이터 시각화 리터러시(Data Visualization Literacy)'를 평가한다.

조건 적용 및 복합 추론형(보고서형)

표나 그래프 외에 '조건', '보기', '각주' 등을 통해 새로운 규칙이나 계산 공식을 추가로 제공하고, 이를 기존 자료에 종합적으로 적용해야만 풀 수 있는 고난도 유형이다. 학원가에서는 흔히 '보고서형' 또는 '상황 제시형' 문제로 불린다. 제시된 조건을 누락 없이 꼼꼼하게 확인하고, 이를 문제 풀이 과정에 체계적으로 적용하는 논리적 절차 수행 능력이 핵심이다. 단순 자료 해석을 넘어 주어진 규칙과 제약하에서 문제를 해결하는 '종합적 문제 해결 능력'을 측정하는 데 목적이 있다.

현행 자료 해석 영역의 한계

현행 자료 해석 영역은 공직자에게 필요한 정량적 분석 능력의 기초를 평가한다는 점에서 긍정적인 측면이 있으나, 그 형식과 내용 면에서 다음과 같은 구조적 한계를 노출하고 있다.

사고력 측정의 본질을 흐리는 '속해(速解) 경쟁'

5급 공채 시험 기준 90분 내 40문항(7급 공채는 60분 내 25문항)이라는 시간 제약은 수험생이 데이터의 의미와 정책적 함의를 깊이 있게 성찰할 기회를 박탈한다. 이는 앞서 살펴본 언어 논리 영역, 그리고 뒤이어 살펴볼 상황 판단 영역 모두에 적용되는 고질적인 문제점이다. 그 결과, 시험의 목적은 '자료에 대한 깊이 있는 해석'이 아닌 '정답을 빠르게 찾아내는 기술 경쟁'으로 변질된 지 오래다. 이는 신중하고 면밀한 검토가 필수적인 실제 정책 분석 업무와는 정반대의 역량을 요구하는 것으로, 시험의 직무 연관성을 저해하는 가장 큰 요인으로 볼 수 있다.

실무 데이터 환경과의 괴리감

PSAT에 제시되는 자료는 문제 해결에 필요한 정보가 명확히 주어지고 오류가 없는 이른바 '정제된 데이터'다. 하지만 실제 공직자가 다루는 데이터는 출처가 불분명하거나, 일부 값이 누락되고, 서로 다른 데이터세트 간의 기준이 달라 충돌하는 등 복잡하고 불완전한 경우가 대부분이다. 현재의 시험 방식은 이러한 소위 '지저분한 데이터(messy data)'를 정제하고, 데이터의 신뢰도와 한계를 비판적으로 평가하며, 불확실성 속에서 합리적 추론을 하는 핵심적인 실무 역량을 전혀 평가하지 못한다.

정형화된 풀이 방식과 평가 역량의 편향성

다년간 시험이 반복되면서 문제 유형과 출제 패턴이 정

형화되었고, 이에 따라 특정 유형에 최적화된 풀이 공식과 기술이 사교육 시장을 중심으로 발달했다. 이는 근본적인 데이터 분석 능력보다는 시험에 특화된 기술을 연마한 수험생에게 유리하게 작용해 시험의 공정성과 타당성을 저해한다. 또한, 현재의 평가는 '풀이 속도'와 '계산 정확성'에 과도하게 치우쳐 있어, 실제 업무에서 더욱 중요할 수 있는 '데이터 기반의 문제 정의', '분석 결과의 설득력 있는 전달', '데이터 활용의 윤리적 성찰' 같은 종합적인 역량을 평가하는 데에는 명백한 한계를 보인다.

AI 시대, 자료 해석 영역의 진화 방향: 유형별 개선 방안

AI 시대의 공직자는 AI를 유용한 분석 도구로 활용하되, 그 결과물을 맹신하지 않고 비판적으로 검토하며, 최종적인 책임과 윤리적 판단을 내릴 수 있는 고차원적 데이터 역량을 갖추어야 한다. 이를 위해 현행 자료 해석 문항 유형을 다음과 같이 진화시킬 필요가 있다.

단순 확인형 → 'AI 생성 자료 검증 및 팩트 체크' 유형으로

특정 주제에 대한 '원시 데이터 표'와 함께, 이 데이터를 기반으로 AI가 생성한 '요약 보고서 및 그래프'를 제시한다. 수험생에게는 AI 보고서에서 원시 데이터와 불일치하는 수치, 잘못된 계산 결과, 존재하지 않는 데이터를 인용한 '환각(Hallucination)' 현상 등을 찾아내도록 요구하는 문제를 제시할 수 있다. 기존의 '단순 확인' 역량이 AI가 생성한 결과물을 '검증하고 팩트 체크'하는 고차원적 역량으로 확장된다. 이러한 문제는 AI 분석 결과물의 신뢰도를 비판적으로 검토하고, 데이터의 정확성을 검증하는 실무적인 역량을 평가할 수 있다.

비율/계산형 → 'AI 분석 결과의 맥락적 해석' 유형으로

AI가 정확하게 계산한 분석 결과(예: "A 부서의 민원 처리 건수 증가율이 50%로 가장 높습니다")를 제시한다. 이와 함께, 그 해석에 영향을 미칠 수 있는 '추가 맥락 정보'(예: "단, A 부서는 전년도 민원 건수가 10건으로 이례적으로 적었음")를 제공한다. 수험생은 이 맥락을 고려해 "AI의 분석 결과가 정책적 성과를 과대평가할 수 있다"와 같은 심층적이고 비판적인 해석을 담은 선택지를 고르도록 하는 방식이다. 단순히 '계산' 능력에서, 계산 결과가 가지는 '맥락적 의미'를 해석하고 잠재적 오해의 소지를 판단하는 분석적 역량으로 진화하게 된다. 이는 피상적인 수치 변화를 넘어, 데이터 이면의 본질적인 의

미를 파악하고 통계의 함정을 간파하는 고차원적 데이터 해석 능력을 측정할 수 있게 된다.

자료 변환/매칭형 → '데이터 스토리텔링 및 시각화 전략' 유형으로

하나의 복잡한 데이터세트와 함께 구체적인 '정책 보고 목표'(예: "국민들에게 저출산 문제의 심각성을 가장 효과적으로 전달하기 위함")를 제시한다. 수험생은 선택지에 제시된 여러 유형의 그래프(단순 막대그래프, 시계열 꺾은선 그래프, 세대별 비교 누적 막대그래프 등) 중에서 주어진 목표를 달성하기에 가장 설득력 있고 적절한 시각화 방식을 선택하도록 하는 방식이다. '자료 변환'이라는 기술적 측면에서, 데이터로 특정 메시지를 전달하는 이른바 '데이터 스토리텔링' 및 '전략적 소통' 역량으로 발전하게 된다. 데이터 분석 결과를 효과적으로 시각화하고, 이를 통해 정책 대상자나 의사결정자를 설득하는 데 필요한 데이터 기반 커뮤니케이션 능력을 평가할 수 있게 된다.

조건 적용/복합 추론형 → '데이터 기반 윤리적 딜레마

판단' 유형으로

AI를 활용한 정책 시뮬레이션 상황을 제시한다. 예를 들어, '상황'으로 "AI 기반 복지 수급자 선정 모델이 특정 지역 또는 인구 집단에 불리한 결과를 도출한 데이터"를 보여 준다. '조건'으로 「개인정보 보호법」, 「행정기본법」의 평등 원칙 등 관련 법령을 제시한 뒤, 이 상황에서 공직자로서 취해야 할 가장 윤리적이고 절차적으로 타당한 조치를 선택하도록 요구하는 방식이다. 주어진 '규칙을 적용'하는 능력에서, 법적 · 윤리적 규범을 적용해 복잡한 딜레마 상황을 해결하는 고차원적 판단 능력으로 심화된다. 효율성과 기술적 합리성을 넘어, 데이터와 AI 활용에 공정성, 투명성, 책임성 등 공직 가치를 실현하는 데 필요한 윤리적 의사결정 능력을 평가할 수 있다.

PSAT 자료 해석 영역은 공직자 선발에 중요한 순기능을 수행해 왔으나, 시대적 변화에 발맞춘 지속적인 혁신이 요구된다. 특히 '빠른 계산' 또는 '어림산'이라는 '속독 · 속해' 위주의 평가 방식과 실제 직무 환경과의 괴리라는 현재의 한계를 극복하고, AI 시대를 선도할 유능한 공직 인재를 선발하기 위해서는 시험의 패러다임을 전환해야 한다.

제안한 개선 방향은 AI 시대에 인간 공직자에게 더욱 중요해질 비판적 검증, 맥락적 해석, 전략적 소통, 윤리적 판단이라는 핵심 역량을 평가하는 데 초점을 맞추고 있다. 이러한 개선 노력을 통해 PSAT 자료 해석 영역이 미래 행정 환경의 복잡한 도전 과제들을 해결해 나갈 잠재력을 가진 인재를 변별하는 더욱 타당하고 신뢰도 높은 평가 도구로 진화하기를 기대한다.

참고문헌

사이버국가고시센터. "2020~2025 5급 공채 자료 해석 영역 기출문제", https://www.gosi.kr/cop/bbs/selectGosiQnaList.do

중앙인사위원회(2002). "공직 적격성테스트(PSAT) 예제집", https://psat.lawschool.co.kr/nlawschool/board/infomation/view.asp?pageNo=12&num=13236&field=7&mnNum=5&subMnNum=1&bbsCode=300&s_mid_code=&s_flag=&mock_type=&keyfield=&keyword=

허현숙·황병선(2021). "PSAT(공직 적격성평가)와 대학 기초교육과의 상관관계에 대한 연구". 《지식융합연구》, 4(2), 165-188쪽, https://www.kci.go.kr/kciportal/ci/sereArticleSearch/ciSereArtiView.kci?sereArticleSearchBean.artiId=ART002795591

06
PSAT 상황 판단 영역의 개편

상황 판단 영역은 법령 및 규정 해석, 정책 대안의 평가, 정보의 종합적 추론 등 공직자에게 필수적인 다양한 역량을 포괄적으로 다룬다는 점에서 PSAT의 '문제 해결형 인재 선발'이라는 도입 취지를 가장 잘 구현하는 영역으로 평가받고 있다. 동시에 상황 판단 영역은 'IQ 테스트' 또는 '퍼즐 게임'과 유사해 실제 직무와의 연관성이 떨어진다는 비판과, 과도한 시간 압박으로 인해 깊이 있는 상황 판단보다는 문제 유형별· 풀이 기술에 의존하게 된다는 한계를 지속적으로 지적받아 왔다.

AI와 민주주의?

PSAT 상황 판단 영역 문항 유형별 분석

PSAT 상황 판단 영역의 문항들은 평가하는 핵심 역량과 문제의 구조에 따라 학원가에서 통용되는 분류를 기준으로 크게 네 가지 유형으로 나눌 수 있다.

법률·규정 적용형

법률 조항, 시행령, 내부 규정 등 명문화된 규칙을 제시하고, 구체적인 '사례'나 '상황'에 이 규칙을 정확하게 적용해 법적 효과나 허용 여부 등을 판단하는 유형이다. 법 조항의 구조(본문, 단서, 예외 조항 등)를 체계적으로 파악하고, 사례의 사실 관계를 조항의 요건에 정확히 대입하는 능력이 핵심이다. 복잡한 조문 간의 관계를 파악하고 누락 없이 모든 조건을 검토하는 꼼꼼함과 논리적 정확성이 요구된다. 이는 공직자에게 필수적인 '법 규정 기반 행정 처리 능력'을 직접적으로 측정한다.

텍스트 기반 상황 이해 및 추론형

특정 상황, 사건, 정책 배경 등을 설명하는 텍스트를 제시하고, 그 내용을 정확히 이해하거나 주어진 정보를 바탕으로 논리적인 추론을 하도록 요구하는 유형이다. 언어 논리 영역의 독해형 문제와 유사하지만, 텍스트의 내용이 '판단'이나 '결정'이 필요한 특정 상황에 초점이 맞춰져 있다는 차이가 있다. 긴 글 속에서 핵심 정보를 빠르게 추출하고, 정보들 간의 인과 관계나 논리적 흐름을 파악하는 능력이 중요하다. 텍스트의 표면적 이해를 넘어, 숨겨진 함의나 배경을 읽어 내는 추론 능력이 요구된다. 이는 '문서 이해 및 보고 능력'의 기초를 평가한다.

퀴즈 및 계산형(수리 퍼즐)

흔히 '퀴즈형'으로 불리며, 명확한 규칙이나 제약 조건 하에서 경우의 수를 따지거나 계산을 통해 최적의 해(최댓값, 최솟값, 특정 순서 등)를 찾는 문제 유형이다. 법률이나 긴 텍스트 없이, 논리 퍼즐의 형태를 띠는 경우가 많다. 문제의 구조를 빠르게 파악하고, 조건을 표나 그림으로 도식화해 해결 전략을 세우는 능력이 중요하며, 단순 계산 능력보다는 논리적 사고력과 문제 해결을 위한 창의적 접근법이 요구된다. 이러한 퀴즈 및 계산형 문제들이 빈번히 'IQ 테스트와 유사하다'는 평을 받으며, 공직 적합성과는 거리가 있다는 비판을 받는다.

정책 평가 및 대안 모색형

특정 사회 문제나 정책 상황을 제시하고, 그에 대한 '분석'이나 '보고서'의 타당성을 평가하거나, 문제 해결을 위한 가장 적절한 대안을 선택하도록 하는 유형이다. 문제 상황의 핵심 쟁점을 파악하고, 각 대안의 장단점 및 실현 가능성을 종합적으로 비교 · 평가하는 능력이 요구된다. 이는 공직자에게 필요한 '정책 기획 및 평가 능력'을 간접적으로 측정하는 고차원적 유형으로, 공직 적합성 평가에 가장 부합하는 유형으로 볼 수 있다.

현행 상황 판단 영역의 한계

상황 판단 영역은 공직자의 문제 해결 능력을 종합적으로 평가하려는 긍정적 취지에도 불구하고, 다음과 같은 구조적 한계와 비판에 직면해 있다.

'IQ 테스트' 논란과 실제 직무와의 괴리

특히 '퀴즈 및 계산형' 문항들은 종종 실제 행정 상황과는 거리가 먼 추상적인 논리 퍼즐이나 수학 문제와 유사하다는 비판을 자주 받아 왔다. 이는 공직 수행에 필요한 종합적 사고력보다는 선천적인 수리 · 논리 감각이나 특정 유형에 대한 반복 훈련 숙련도를 측정하는 이른바 'IQ 테스트'로 변질될 수 있다는 우려를 낳는다. 이는 공직자로서의 자질이나 잠재력보다는 소위 '머리 좋은' 사람,

'시험 잘 푸는 기술'을 가진 사람을 선발하게 될 위험을 내포하고 있다. 또한 PSAT에 대한 거부감으로 인해, 능력과 전문성을 갖춘 '국민에 대한 봉사자'가 공직 진출을 포기하게 만드는 결과를 낳을 수도 있다.

과도한 시간 압박과 '기계적 문제 풀이'

40문항을 90분 내에 풀어야 하는 시간적 제약은 깊이 있는 문제 해결 능력을 저해하는 주요 요인이 된다. 이러한 '기계적 문제 풀이' 현상은 비단 상황 판단 영역만의 문제가 아닌 PSAT 전반이 가지고 있는 내재적인 문제이며 한계다. 이는 신중하고 책임감 있는 법규 해석 및 적용, 보고서(문서)의 분석과 이해 등 중요한 실제 공직 업무와는 거리가 먼 접근 방식이다.

문제 유형의 정형화와 사고력 측정의 한계

시험이 거듭되면서 문항 유형이 정형화되고, 이에 대한 최적화된 풀이법이 사교육 시장을 통해 확산되고 있다. 앞서 살펴본 이른바 '기계적 문제 풀이'라는 결과에 이르게 하는 원인이다. 즉 수험생들이 처음 접하는 낯선 문제에 대한 창의적이고 유연한 사고 능력을 기르기보다는, 기존 유형을 반복 훈련하는 방식으로 시험을 준비하게 만든다. 결국 시험은 응시자의 근본적인 문제 해결 잠재력보다는 PSAT형 문제에 대한 '숙련도'를 측정하게 되어, 결과적으로 '성취도 시험'으로 전락시켜, 본래의 변별력을 상실할 위험이 매우 높다.

AI 시대, 상황 판단 영역의 진화 방향

AI 시대의 공직자는 AI를 효과적인 업무 파트너로 활용하면서도, AI의 제안을 비판적으로 검토하고 최종적인 윤리적 · 정책적 판단을 내리는 '인간 중심의 고차원적 사고' 역량을 갖추어야 한다. 이를 위해 현행 상황 판단 문항 유형을 다음과 같이 진화시킬 필요가 있다.

법률·규정 적용형 → 'AI 법률 검토 보조' 시나리오 유형으로

복잡한 법률 조항과 구체적인 민원 사례를 제시한 후, AI 법률 비서가 해당 사안에 대해 내린 '1차 검토 의견'을 함께 제공한다. 이 AI의 의견에는 법 조항의 핵심 요건을 누락했거나 예외 규정을 잘못 적용하는 등 교묘한 오류가 포함되어 있다. 수험생은 이 AI의 검토 의견이 타당한지를 주어진 법규에 근거해 비판적으로 재검토하고, 올바른 결론을 도출하는 과제를 수행한다. 이러한 변화는 단순 '규정 적용' 능력에서, AI가 제시한 자동화된 분석 결과를 '비판적으로 검증'하는 한 단계 높은 차원의 역량으로 진화한 것이라고 할 수 있다. 이를 통해 AI의 제안을 맹신하지 않고, 최종적인 판단의 책임은 인간에게 있음을 인지하며, 법규를 깊이 있게 이해하고 적용하는 능력을 평가할 수 있게 된다.

텍스트 기반 추론형 → '다중 소스 정보 브리핑' 유형으로

특정 사회적 갈등 상황(예: 신규 폐기물 처리 시설 입지 선정)에 대해, '언론 보도', '지역 주민 커뮤니티 게시 글', '관련 통계 자료', 'AI가 요약한 쟁점 보고서' 등 파편적이고 관점이 다른 여러 정보 소스를 동시에 제시한다. 수험생은 이 정보들을 종합해 상황의 본질을 가장 정확하게 파악한 선택지를 고르거나, 정보의 편향성을 지적하고 균형 잡힌 상황 보고를 위해 추가 필요 정보를 제시하도록 하는 방식이다. 이러한 변화는 단일 텍스트에 대한 '추론'에서, 정보의 홍수 속에서 진실과 거짓, 사실과 의견을 구분하고 종합하는 '미디어 리터러시' 및 '정보 통합 능력'으로 확장될 수 있다. 이를 통해 파편화되고 상충하는 정보 속에서 핵심 쟁점을 추출하고, 정보의 신뢰도를 평가하며, 종합적인 상황 판단을 내리는 능력을 측정할 수 있게 된다.

퀴즈/계산형 → '자원 배분 최적화 시뮬레이션' 유형으로

한정된 예산, 인력, 시간이라는 제약 조건하에서 공공 서비스의 효과를 극대화해야 하는 자원 배분 문제를 제시한다. AI가 '효율성' 기준만으로 도출한 '최적화 방안 1'을 보여 주고, 수험생에게는 '형평성', '지속 가능성' 등 '추가 고려 기준'을 제시한 뒤, 이를 종합적으로 고려한 더 나은 '대안'을 선택하도록 한다. 이러한 변화는 추상적인 '퍼즐 풀이'에서, 실제 정책 결정 과정에서 발생하는 '가치 간의 상충(Trade-off) 관계'를 이해하고 합리적인 대안을 선택하는 실무적 역량으로 발전한 것이라고 할 수 있다. 이를 통해 단일 기준의 최적화를 넘어, 복수의 공공 가치를 조화시키는 다면적 사고 능력과 정책적 대안을 비교 · 평가하는 능력을 측정할 수 있게 된다.

정책 평가형 → 'AI 정책 시뮬레이션 결과 해석' 유형으로

특정 정책(예: 기본 소득 도입)에 대해 AI가 예측한 '정책 시뮬레이션 결과'를 그래프와 표로 제시한다. 결과에는 긍정적 효과(예: 빈곤율 감소)와 부정적 효과(예: 근로 의욕 저하, 재정 부담 증가)가 함께 나타나도록 구성한다. 수험생은 이 시뮬레이션 결과를 바탕으로 해당 정책을 도입할 경우 발생할 수 있는 잠재적 위험을 올바르게 분석하고, 정책의 타당성에 대한 종합적인 평가를 내리도록 하는 방식이다. 이러한 변화는 정적인 '정책 분석'에서, 미래 예측 데이터를 기반으로 정책의 파급 효과를 다각적으로 검토하는 '동적이고 예측적인 사고'로 심화된다. 이를 통해 데이터 기반의 미래 예측 결과를 해석하고, 그에 내재된 불확실성과 장단점을 종합적으로 고려해 책임감 있는 정책 판단을 내리는 능력을 평가할 수 있게 된다.

PSAT 상황 판단 영역은 공직자에게 요구되는 복합적인 문제 해결 능력을 측정하는 중요한 도구다. 그러나 추상적인 퍼즐 형식과 과도한 시간 압박 등은 시험의 본래 취지를 약화하는 한계로 작용해 왔다.

AI 기술이 행정 패러다임을 혁신하는 현시점에서, 상황 판단 영역 또한 진화해야 한다. 지금까지 살펴본 AI 기반 개선 방향의 핵심은, '정답을 찾는 해결사(Solver)'를 넘어 'AI의 제안을 검증하고 더 나은 판단을 내리는 의사 결정자(Decision-maker)'로서의 역량을 측정하는 데 있다. AI가 생성한 법률 검토 의견의 오류를 찾아내고, AI 정책 시뮬레이션의 결과를 비판적으로 해석하며, 효율성과 형평성 사이의 윤리적 딜레마를 판단하는 능력이야말로 미래 공직자에게 요구되는 대체 불가능한 인간 고유의 역량일 것이다.

이러한 개선 노력을 통해 PSAT 상황 판단 영역이 단순한 적성 검사를 넘어, 미래 행정 환경의 복잡한 도전 과제들을 지혜롭게 해결해 나갈 예비 공직자들의 잠재력을 심도 있게 검증하는 평가 제도로 거듭날 수 있기를 기대한다.

참고문헌

사이버국가고시센터. "2020~2025 5급 공채 상황 판단 영역 기출문제",
https://www.gosi.kr/cop/bbs/selectGosiQnaList.do

우정규·홍병선(2021.12). "공직 적격성시험(PSAT)의 문제점과 대안 모색". 《인간과자연》, 2(2), 101-133쪽,
https://scholar.kyobobook.co.kr/article/detail/4010028909366

07

AI 기반 PSAT의 혁신적 청사진: 평가와 운영의 결합

AI 기반 PSAT은 단순히 문제를 내고 점수를 매기는 것을 넘어, 시험 시스템 전체를 '하나의 지능형 시스템'으로 전환시키는 것을 목표로 한다. 이러한 혁신은 '디지털 플랫폼 정부(DPG)' 구현을 위한 공공 부문의 AI 도입 및 활용 전략과도 맥을 같이한다. AI 기술이 PSAT 평가의 내용(무엇을 평가할 것인가)과 운영(어떻게 평가할 것인가)을 어떻게 혁신적으로 결합하고 발전시킬 수 있는지에 대한 논의를 진행한다.

AI와 애니메이션?

AI를 활용한 평가 내용의 고도화

AI는 단순히 정답을 찾아내는 것을 넘어, 응시자가 문제를 해결하는 사고 과정을 분석하고, 기존 시험으로는 측정하기 어려웠던 역량을 평가하는 데 활용될 수 있다. 이는 앞서 논의한 영역별 개편 방향을 구체적으로 실현하는 방안이 되며, 특히, 디지털 심화 시대에 공직자에게 요구되는 핵심 역량인 디지털 리터러시를 강화하는 방향으로 나아가야 한다.

언어 논리

AI가 생성한 가상의 정책 보고서, 논평 등을 활용해 논리적 오류를 찾아내고, 정보의 신뢰성을 비판적으로 판단하는 능력을 측정한다. 이는 AI 시대에 공직자가 갖춰야 할 'AI 산출물에 대한 비판적 사고력'을 효과적으로 평가할 수 있다.

자료 해석

AI가 분석한 복합 데이터의 이면을 읽어 내고, AI의 한계로 인해 놓칠 수 있는 중요한 정보를 파악하는 능력을 측정한다. 이는 AI가 제시하는 데이터의 맹점을 간파하는 공직자의 '다차원적 통찰력'을 평가한다.

상황 판단

AI의 효율적인 제안과 공직자가 지켜야 할 윤리적 가치가 충돌하는 상황에서, 법적 · 윤리적 판단을 내리는 능력을 측정한다. 이는 AI 시대 공직자에게 요구되는 '기술과 가치를 통합하는 윤리적 의사 결정 능력'을 평가하는 데 핵심적인 역할을 한다.

AI 기반 PSAT 운영 시스템의 구체적 혁신

AI의 공학적 특성(자율성, 실시간성 등)은 PSAT 운영 시스템의 각 단계를 혁신적으로 변화시켜 행정 효율성을 극대화한다. 이는 공공 부문의 AI 도입 및 활용 확산 목표와도 일치한다.

AI 기반 문항 개발 및 관리 시스템

문항 자동 생성 및 난이도 조절: AI는 최신 정책 데이터, 사회 통계, 법령 등을 스스로 학습해 항상 최신성을 유지하는 문항을 자동으로 생성한다. 이는 기존 출제 위원의 수작업에 의존하던 비효율성을 근본적으로 개선할 수 있다. AI는 응시자들의 과거 데이터를 기반으로 문항별 난도와 변별도를 예측해, 매년 시험의 난도를 균일하게 유지할 수 있다.

데이터 기반 문항 검수: AI는 생성된 문항이 기존 문항과 유사한지, 특정 주제에 편향되지 않았는지 등을 자동으로 분석해 전문가 검수의 효율성을 높인다. '문화재 기록물 검색 및 사업 계획서 작성 지원 서비스'나 '초거대 AI를 이용한 문서 자동 생성 기능' 같은 공공 부문 AI 실증 사례를 통해 AI의 문서 생성 및 관리 능력을 확인할 수 있다.

AI 기반 실시간 시험 관리 시스템

부정행위 실시간 감지: 컴퓨터 기반 시험 환경에서 AI는 응시자의 시선, 행동 패턴, 타이핑 속도 등을 실시간으로 분석해 부정행위 징후를 즉시 포착한다. 이는 기존의 육안 감독 방식의 한계를 보완하고, 시험의 공정성을 획기적으로 강화할 수 있다.

시험 환경 최적화: AI는 시험 중 발생하는 네트워크 오류, 시스템 장애 등 기술적 문제를 예측하고 신속하게 대응해 모든 응시자가 공정한 환경에서 시험을 치를 수 있도록 도울 수 있다.

AI 기반 채점 및 분석 자동화

즉각적인 채점: 시험 종료와 동시에 AI가 채점과 분석을

완료해, 점수 산출 및 통계 분석에 소요되는 시간과 비용을 획기적으로 줄인다.

심층 데이터 분석: 단순한 점수 외에 응시자들의 오답 선택 경향, 문제 풀이 시간, 특정 유형에 대한 취약점 등을 종합적으로 분석한다. 이 데이터는 개인별 맞춤 피드백과 함께 다음 시험 출제에 중요한 자료로 활용된다.

평가와 운영의 유기적 결합: 시스템 이론적 접근

AI는 PSAT 시스템의 '투입-과정-산출-환류' 전반을 지능화해, 평가와 운영이 분리되지 않고 유기적으로 연결되도록 만든다. 이는 공공 부문 AI의 3대 전략 목표 중 하나인 '똑똑한 국민 체감'과도 맞닿아 있다.

투입(Input)의 지능화

동적 데이터 활용이 중심이 된다. 전통적인 시험은 출제위원의 경험과 기존의 정적(static)인 데이터를 기반으로 문항을 개발했다. 그러나 AI 기반 PSAT은 이러한 투입 방식을 근본적으로 바꾸게 된다. 즉 AI는 최신 정책 동향, 사회 통계, 법령 개정안, 그리고 실제 공무원들의 직무 수행 데이터를 실시간으로 학습해, 항상 최신성을 유지하는 문항을 생성할 수 있게 된다. 이는 시험 문제가 시대 변화에 뒤처지는 현행 PSAT의 한계를 해결하고, 미래 공직 사회에 필요한 역량을 반영하는 데 필수적인 과정이다. 「데이터기반행정 활성화에 관한 법률」에서 강조하는 것처럼, 데이터의 '수집-분석-활용'이 행정의 모든 단계에 적용되어야 한다는 원칙이 AI 기반 PSAT의 투입 과정에 고스란히 반영된다.

과정(Process)의 자율화

행정 효율성 극대화를 이룰 수 있게 된다. AI는 문항 생성, 난이도 조절, 부정행위 감지, 채점 등 시험의 핵심 과정을 자율적으로 수행한다. 이는 인간의 개입을 최소화해 운영의 효율성을 획기적으로 높일 수 있다. 특히, 시험 관리자들은 응시자의 행동 패턴 분석, 문제 풀이 시간 측정, 특정 유형의 오답률 분석 등 방대한 데이터를 AI를 통해 실시간으로 모니터링할 수 있게 된다. 이를 통해 시험 과정에서 발생할 수 있는 잠재적 문제점(예: 특정 문항의 오류 가능성)을 즉각적으로 파악하고 대응할 수 있다. PSAT은 더 이상 수동적인 행정 절차를 넘어, 응시자와 상호작용하며 스스로 최적의 상태를 찾아가는 능동적인 지능형 시스템으로 진화가 가능해지는 것이다.

산출(Output)의 고도화

예측적 분석의 힘이 중심이다. 기존 PSAT의 산출물은 단순한 점수와 합격자 명단에 그쳤다. 그러나 AI 기반 PSAT의 산출물은 훨씬 더 정교하고 다차원적이다. AI는 응시자의 점수 외에, 문제 해결 과정에서 나타난 사고 패턴, 약점 유형, 강점 영역 등을 종합적으로 분석해 '개인별 역량 프로파일'을 생성한다. 이 프로파일은 응시자의 직무 적합도를 예측하는 중요한 데이터가 된다. 이는 AI의 예측성(Predictability) 특성을 활용해, PSAT의 전략적 가치를 극대화하는 것이다. 즉, 공공 부문은 AI 기반 PSAT을 통해 단순한 합격자 선발을 넘어, 각 응시자가 어떤 직무에 가장 적합한 잠재력을 가졌는지에 대한 통찰력을 얻게 한다.

AI 기반 PSAT의 전략적 환류 및 시스템 고도화

앞서 살펴본 바와 같이 AI 기반 시스템의 가장 큰 강점은 '자기 개선(Self-improvement)' 능력이다. AI는 시험이 거듭될수록 보다 많은 데이터를 수집하게 되며, 이를 토대로 자기 개선 과정을 거치게 된다. 이러한 과정을 통해 산출된 데이터를 바탕으로 다음 시험을 위한 최적의 상태를 스스로 만들어 간다. 특히, 공공 부문 AI의 성과 관리를 위한 지표 프레임워크를 활용해 체계적인 시스템 고도화가 가능해진다.

피드백 루프의 자동화

AI는 시험에서 수집된 모든 데이터를 즉시 분석해, 어떤 문항의 변별력이 높았고 어떤 문항이 낮았는지를 파악한다. 예를 들어, 특정 문항의 정답률이 지나치게 높거나 낮을 경우, AI는 그 문항이 적절하지 않았다고 판단하고, 다음 출제 알고리즘에 이를 반영해 유사한 문제의 출제를 지양하도록 조정한다. 이러한 분석 결과는 다음 시험의 출제 알고리즘에 실시간으로 반영되어, PSAT 시스템이 매년 더 정교해지는 선순환 구조를 형성할 수 있게 된다. 이는 관련 연구에서 제시된, AI가 평가 문항의 논리적 일관성과 평가 목적의 부합성을 자체적으로 검증하는 원리와 동일하다(박고운 · 최숙기, 2025).

지속적인 예측 타당성 검증

AI 기반 PSAT의 핵심적인 환류 기능은 시험 결과가 실제 공직 수행 능력과 얼마나 연관이 있는지 지속적으로 검증하는 것이다. AI는 PSAT 점수와 합격자들의 재직 중 성과 데이터(익명화된 업무 평가, 직무 만족도 등)를 지속적으로 비교 분석한다. 이 분석을 통해 PSAT이 실제 공직 역량을 얼마나 정확하게 측정하는지 끊임없이 검증하고, 만약 예측력이 떨어진다면 어떤 평가 요소나 문항 유형을 개선해야 할지 스스로 학습하고 제안한다. 이는 AI를 활용한 '국가대표 AI 코칭 솔루션'이나 '과학 기술인 학습 플랫폼 AI 튜터'와 같은 교육 · 학습 분야의 공공 서비스 실증 사례에서도 유사한 원리를 확인할 수 있다. 궁극적으로, PSAT은 단순히 일회성 시험이 아니라, 공무원 채용의 예측력을 지속적으로 향상하는 '진화형 평가 시스템'으로 거듭나게 된다.

인간의 역할 재정립

고부가가치 업무로의 전환이 핵심이다. AI가 단순 반복 작업을 자동화하면서, 기존의 운영 인력과 전문가들은 AI 시스템의 데이터를 분석하고, AI 알고리즘을 설계하고 개선하는 '고부가가치 역할'로 전환된다. 이들은 AI가 제시하는 데이터의 의미를 해석하고, 시스템의 윤리적 가이드라인을 설정하며, 궁극적으로 AI의 최종 의사결정을 감독하는 역할을 수행한다. 이는 인간의 창의성과

AI의 효율성이 결합된 새로운 인재 선발 패러다임의 핵심이 될 것이다. 이처럼 인간과 AI가 협력하는 하이브리드 시스템은 AI의 도입이 인간의 역할을 '보완'하고 '강화'하는 방향으로 나아가야 한다는 인식을 반영한다.

지금까지 살펴본 바와 같이, AI 기반 PSAT은 단순히 문제를 내고 점수를 매기는 것을 넘어, 평가와 운영을 하나의 지능형 시스템으로 결합하는 혁신적 청사진을 제시한다. 이는 AI의 예측성과 효율성을 극대화해 공직 채용의 행정 효율성을 높이고, 미래 공직 사회에 필요한 핵심 역량을 갖춘 인재를 발굴하는 데 기여할 것이다. 나아가 궁극적으로, 이러한 진화는 '데이터 기반 행정'과 '지능형 공공 서비스'의 핵심 축으로서 공직 사회 혁신의 초석이 될 것이다.

참고문헌

박고운·최숙기(2025). "국어과 읽기 영역 선다형 평가를 위한 자동 문항 생성 방안 연구". 《교육과정평가연구》, 28(1), 215-246쪽, https://www.kci.go.kr/kciportal/ci/sereArticleSearch/ciSereArtiView.kci?sereArticleSearchBean.artiId=ART003174083

조세현·우하린(2024.9.10). "공공 부문 AI 활용 활성화에 대한 공무원 인식과 정책제언". 한국행정연구원. 《행정포커스》, 171, https://www.nkis.re.kr/subject_view3.do?volId=IPVOL000000000009571&articleSeq=13

08
AI 시대, PSAT의 새로운 과제: 공정성과 접근성

AI가 공직 선발이라는 민감한 영역에 도입될 때, 기술적 효율성만으로는 충분하지 않다. 우리는 AI가 가진 잠재적인 위험인 공정성, 접근성, 신뢰성의 문제에 직면하게 된다. 공공 부문에서의 AI 활용은 국민의 신뢰를 바탕으로 추진되어야 하기 때문이다. 국내외 관련 문헌들을 토대로 AI 기반 PSAT이 마주할 주요 과제들을 살펴보고, 이에 대한 대응 방안을 모색하고자 한다. AI 시대의 PSAT은 기술 혁신을 넘어, 사회적 신뢰를 확보하는 시스템으로 나아가야 한다.

AI와 인재 채용?

AI 기반 평가의 공정성 문제: 데이터 편향성과 투명성

AI 시스템의 핵심은 알고리즘과 데이터다. 이 두 가지 요소에 내재된 잠재적 편향성은 AI 기반 PSAT의 심각한 공정성 문제로 대두될 수 있다. 공정성은 공직 채용의 근본 가치이므로, 이에 대한 면밀한 검토가 필수적이다.

데이터 편향성(Data Bias) 및 알고리즘 불공정

AI 모델은 학습 데이터의 특성을 그대로 반영한다. 만약 PSAT 문항 개발에 활용되는 과거 데이터나 직무 성과 데이터가 특정 성별, 지역, 배경을 가진 응시자에게 유리하거나 불리하게 편향되어 있다면, AI는 이러한 편향성을 학습해 재생산할 수 있다. 예를 들어, 특정 지역 출신 공무원들의 과거 성과 데이터가 부족하거나, 특정 직렬에 여성 지원자가 적어 AI가 성별에 따른 암묵적인 편향을 학습한다면, 이는 미래의 채용 과정에서 불공정한 결과를 초래할 수 있다. 실제로 AI 서비스의 신뢰성·안전성 확보를 위한 법적·제도적 쟁점 중 '알고리즘의 공정성 및 편향성 문제'가 가장 중요한 이슈로 지적된다.

알고리즘의 투명성(Transparency) 문제

AI, 특히 딥러닝 기반의 알고리즘은 '블랙박스' 문제에 직면한다. AI는 왜 특정 결정을 내렸는지 그 과정을 명확히 설명하기 어렵다. AI가 어떤 문항을 출제하고, 어떤 응시자를 고평가했는지 그 근거를 명확히 제시하지 못한다면, 응시자들은 결과에 대해 납득하기 어려울 것이다. 공직 채용의 공정성에 대한 사회적 기대가 높은 만큼, AI 기반 시스템은 그 결정 과정을 투명하게 공개할 수 있는 '설명 가능한 AI(Explainable AI, XAI)' 기술을 접목해야 한다. "공공 부문 초거대 AI 도입 · 활용 가이드라인 2.0" 역시 AI의 투명성을 핵심 원칙 중 하나로 제시하며, 공공의 신뢰를 확보하기 위한 기술적 · 제도적 장치를 강조하고 있다. 또한, 「국가 인공지능 윤리기준」은 '투명성'과 '설명 가능성'을 중요한 원칙으로 명시하고 있으며, 이는 AI 활용 공공 서비스의 기본 방향이 되어야 함을 시사한다.

정보 접근성 및 디지털 격차 문제

AI 기반 PSAT의 운영 효율화를 위해 컴퓨터 기반 시험(CBT)으로 전환될 가능성이 높다. 그러나 이는 디지털 기술 활용 능력이 부족한 응시자들에게 새로운 진입 장벽으로 작용할 수 있다.

디지털 기술의 활용 역량 차이로 인해 발생하는 '디지털 격차'는 사회 경제적 불평등을 심화할 수 있다. AI 기반 PSAT이 전면적인 CBT로 전환될 경우, 디지털 기기 조작에 익숙하지 않은 응시자들은 자신의 실력을 온전히 발휘하기 어려울 수 있다. 이는 실력 외적인 요인으로 인해 공정한 경쟁이 저해되는 결과를 낳을 수 있다. 이러한 상황과 문제를 피하기 위해 디지털 기술 활용이 어려운 계층을 위한 사전 교육 및 지원이 필수적이며, AI 기반 서비스 도입 시 국민의 디지털 역량을 고려해야 할 필요가 있다.

정보 취약 계층을 위한 접근성 강화

AI 기반 PSAT 시스템은 디지털 격차를 해소하기 위한 적극적인 방안을 마련해야 한다. 즉 이러한 공공 AI 서비스의 핵심은 모든 국민이 차별 없이 기술의 혜택을 누릴 수 있도록 하는 '디지털 포용(Digital Inclusion)'에 있다.

다양한 응시 환경 제공

도입 초기에는 기존 종이 기반 시험(PBT)을 병행하거나, CBT 환경에 익숙하지 않은 응시자를 위한 사전 교육 및 시뮬레이션을 제공해야 한다.

접근성 보장

시각 장애인 등 정보 취약 계층을 위한 음성 지원 기능, 화면 확대 기능 등 '웹 접근성(Web Accessibility)'을 고려한 시스템 설계를 통해 모두에게 동등한 기회를 보장해야 한다.

프라이버시 침해 및 보안 문제

AI 기반 PSAT은 문항 개발, 채점, 부정행위 감지 등 모든 단계에서 응시자들의 방대한 데이터를 수집하고 활용한다. 이는 사안에 따라 응시자의 프라이버시 보호와 데이터 보안에 대한 심각한 문제를 일으킬 수 있다.

민감 정보의 수집과 프라이버시 침해 위험

생체 정보 및 행태 정보 수집의 문제: AI 기반 원격 감독 시스템은 응시자의 얼굴 표정, 시선, 음성, 키보드 타이핑 패턴 등의 생체 정보와 행동 데이터를 실시간으로 녹화하고 분석할 수 있다. 이러한 정보는 응시자의 심리 상태나 특정 사고방식을 추론하는 데 활용될 수 있어, 단순한 신원 확인을 넘어선 일종의 '감시'로 인식될 수 있다. 「공무원임용시험령」 제53조는 '민감 정보 및 고유 식별 정보의 처리'를 규정하고 있지만, 이는 주로 주민등록번

호, 장애 여부 등 시험 운영에 필요한 정보를 다루고 있어, AI가 수집하는 행태 정보를 포괄하기에는 한계가 있다.

'프라이버시 역설(Privacy Paradox)'과 동의의 한계: AI 시스템은 데이터 수집 시 응시자에게 '시험의 공정성을 위해 필요하다'는 이유로 동의를 요구할 것이다. 그러나 응시자 입장에서는 시험 응시를 위해 동의를 거부하기 어려운 상황에 놓인다. 이는 합리적 동의가 아닌 '강제된 동의'로 볼 수 있으며, 「개인정보 보호법」에서 강조하는 '자율적 동의' 원칙에 위배될 소지가 있다. 응시자에게 동의를 받았더라도, 수집된 민감 정보가 AI 모델의 학습 데이터로 활용될 경우, 이 데이터가 어떻게 처리되고 재활용되는지에 대한 투명성이 확보되지 않으면 프라이버시 침해 논란은 끊이지 않을 것이다.

데이터 유출 및 보안 위협

AI 시스템의 취약점: AI 모델은 학습 데이터의 편향성 외에도, 외부로부터의 공격에 취약할 수 있다. '적대적 공격(Adversarial Attack)'은 AI 모델을 오인식하게 만들어 부정행위를 적발하지 못하게 하거나, 특정 응시자에게 유리한 결과를 유도할 수 있는 기술적 위협이다. 또한,

시험 운영 시스템이 해킹당할 경우 응시자들의 민감 정보(생체 정보, 시험 기록 등)가 대량으로 유출될 수 있으며, 이는 막대한 사회적 혼란과 피해를 초래할 수도 있다.

체계적 데이터 거버넌스의 부재: AI 기반 PSAT 시스템은 단순히 데이터를 수집하는 것을 넘어, 데이터의 생명주기(수집-저장-분석-활용-폐기) 전반을 엄격하게 관리하는 데이터 거버넌스 체계가 필수적이다. 「데이터기반행정 활성화에 관한 법률」은 데이터의 공유와 활용을 강조하지만, 민감 정보에 대한 보호 및 보안 체계를 명확히 규정하는 것 또한 중요한 과제다. 이를 위해 첫째, 접근 권한 관리가 필요하다. 응시자 데이터에 대한 접근은 최소한의 인원에게만 허용하고, 모든 접근 기록을 투명하게 관리하는 시스템을 구축해야 한다. 둘째, 암호화 및 분산 저장을 해야 한다. 모든 데이터를 한곳에 집중시키지 않고, 암호화 및 분산 저장을 통해 해킹 위험을 최소화해야 한다. 셋째, 지속적인 보안 감사가 이뤄져야 한다. AI 시스템의 취약점을 정기적으로 점검하고, 최신 보안 기술을 적용해 잠재적 위협에 능동적으로 대응해야 한다.

AI 활용에 대한 사회적 수용성 및 신뢰 문제

AI 기반 PSAT의 성공적인 정착은 기술적 완성도를 넘어, 국민과 응시자들의 심리적 장벽을 낮추고 신뢰를 구축하는 데 달려 있다. 공직 채용은 국민의 기회 균등과 직결되는 문제이므로, AI 도입에 대한 사회적 합의는 기술 혁신의 전제 조건이다.

심리적 장벽과 불신의 원인

AI 기술에 대한 사회적 불신은 AI의 본질적 특성과 공직 채용의 중요성에서 비롯된다.

'블랙박스' 문제로 인한 불신의 심화: AI의 불투명성은 불합격의 이유를 '납득할 수 없는' 상태로 만든다. 응시자들은 "왜 내가 떨어졌는지"에 대한 명확한 설명 없이, 복잡한 알고리즘이 내린 결정에 순응해야 한다. 이러한 불투명성은 '전관예우'나 '부정 청탁' 같은 과거의 불공정 관행에 대한 사회적 기억과 결합되어, AI 시스템에 대한 불신을 심화할 수 있다.

'인간 전문가'의 권위 상실에 대한 우려: 공무원 시험은 오랜 기간 인간 전문가(출제 위원, 채점관 등)의 집단적 지혜와 경험에 의해 운영되어 왔다. AI가 이들의 역할을 대체하거나 보조하게 될 경우, 기존 공직 사회 내에서 '인간의 판단'이 무시되는 것에 대한 거부감이 발생할 수 있다. 실제 관련 연구에 따르면, 공무원들은 AI 도입의 필요성에 공감하면서도, 기술의 신뢰성과 개인정보 보호에 대한 우려를 표하는 것으로 나타났다.

'기술 만능주의'에 대한 비판: AI 기술이 모든 문제를 해결할 수 있다는 '기술 만능주의'적 접근은 위험하다. 특히 공직 채용은 단순한 지능 측정을 넘어, 인성과 윤리 의식을 종합적으로 평가해야 하는 영역이다. AI가 인간의 도덕성이나 윤리적 판단력을 정확하게 평가할 수 있을지에 대한 사회적 의구심은 AI 기반 PSAT의 신뢰성 문제를 더욱 복잡하게 만들 수 있다.

신뢰 구축을 위한 구체적 정책 방안

시범 사업 운영 및 투명한 성과 공개: AI 기반 PSAT을 전면 도입하기에 앞서, 소규모 시범 사업을 운영해 시스템의 공정성과 안정성을 충분히 검증해야 한다. 이 시범 사업은 단순히 기술 테스트에 그쳐서는 안 되며, 다음과 같은 목표를 포함해야 한다. 첫째, 투명한 데이터 공개가 이뤄져야 한다. 시범 사업의 진행 과정, AI 알고리즘의 작동 방식(설명 가능한 부분에 한해), 그리고 시범 응시자들의 익명화된 평가 결과를 투명하게 공개해야 한다. 둘째, 이해관계자 피드백 수렴이 이뤄져야 한다. 시범 사업의 결과를 바탕으로 공청회, 전문가 토론회, 응시자 대상 설문 조사 등을 개최해, 다양한 이해관계자의 의견을 적극적으로 수렴해야 한다. 이러한 접근 방식은 AI 거버넌스 구축에 '시민 참여'와 '투명성' 확보가 핵심임을 보여 준다. 셋째, '시민 참여형 AI 거버넌스'를 구축한다. AI 시스템의 설계 및 운영에 대한 최종 의사 결정을 소수의 전문가에게만 맡기는 것은 불신을 키울 수 있다. AI 기반 PSAT의 방향을 설정하는 데 학계, 산업계, 시민 단체, 법률 전문가, 수험생 대표 등이 참여하는 다분야 협의체를 구성해야 한다. 이 협의체는 다음과 같은 역할을 수행해야 한다.

㈀ 윤리 가이드라인 공동 수립: AI 기반 PSAT이 지켜야 할 윤리적 원칙과 행동 강령을 공동으로 수립한다. 이는「인공지능 기본법」에서 규정하는 'AI 시스템 개발 및 활용에 대한 윤리적 원칙'을 실제 공직 채용 현장에 적용하는 중요한 과정이 될 것이다.

㈁ 편향성 감사 및 모니터링: AI 알고리즘의 편향성과 공정성을 정기적으로 감사하고, 그 결과를 독립적으로 평가하는

역할을 담당한다.

(ㄷ) 책임 소재의 명확화 및 구제 절차 마련: AI 시스템의 오류로 인해 발생한 문제에 대한 책임 소재를 법적으로 명확히 규정해야 한다. 이는 AI 기술에 대한 불확실성을 줄이고 국민의 신뢰를 얻는 데 필수적이다. 또한, AI가 내린 결정에 대해 불이익을 받은 응시자가 이의를 제기하고 구제받을 수 있는 명확한 행정 절차를 제도화해야 한다. 가령, 「공무원임용시험령」에 규정된 '이의 신청 및 심의' 절차에 AI 시스템 오류로 인한 이의 제기 항목을 추가하는 방안을 고려해 볼 수 있다.

(ㄹ) AI 역할에 대한 명확한 소통: AI의 역할이 인간의 직무를 완전히 대체하는 것이 아니라, 인간 전문가의 판단을 보조하고, 반복적인 작업을 자동화해 효율성을 높이는 도구임을 지속적으로 강조해야 한다. 이는 AI에 대한 막연한 불안감을 해소하고, AI 시스템을 함께 발전시켜 나가는 사회적 파트너로서의 인식을 확립하는 데 중요하다.

AI 기반 PSAT은 공직 인재 선발의 효율성과 예측 타당성을 높일 수 있는 혁신적인 방안이다. 그러나 그 성공은 기술의 성능을 넘어, 공정성, 접근성, 프라이버시, 그리고 사회적 신뢰라는 중대한 과제를 얼마나 효과적으로 해결하느냐에 달려 있다. 이 과제들은 AI의 기술적 한계를 인정하고, 법적 · 제도적 보완책을 마련하며, 국민과의 소통을 통해 극복할 수 있다.

참고문헌

「공무원임용시험령」(2025.7.1),
https://www.law.go.kr/%EB%B2%95%EB%A0%B9/%EA%B3%B5%EB%AC%B4%EC%9B%90%EC%9E%84%EC%9A%A9%EC%8B%9C%ED%97%98%EB%A0%B9

「개인정보 보호법」(2025.3.13),
https://www.law.go.kr/%EB%B2%95%EB%A0%B9/%EA%B0%9C%EC%9D%B8%EC%A0%95%EB%B3%B4%EB%B3%B4%ED%98%B8%EB%B2%95

「데이터기반행정 활성화에 관한 법률」(2023.11.17),
https://www.law.go.kr/%EB%B2%95%EB%A0%B9/%EB%8D%B0%EC%9D%B4%ED%84%B0%EA%B8%B0%EB%B0%98%ED%96%89%EC%A0%95%ED%99%9C%EC%84%B1%ED%99%94%EC%97%90%EA%B4%80%ED%95%9C%EB%B2%95%EB%A5%A0

「인공지능 발전과 신뢰 기반 조성 등에 관한 기본법(약칭: 인공지능 기본법)」(2026.1.22 예정),
https://www.law.go.kr/%EB%B2%95%EB%A0%B9/%EC%9D%B8%EA%B3%B5%EC%A7%80%EB%8A%A5%20%EB%B0%9C%EC%A0%84%EA%B3%BC%20%EC%8B%A0%EB%A2%B0%20%EA%B8%B0%EB%B0%98%20%EC%A1%B0%EC%84%B1%20%EB%93%B1%EC%97%90%20%EA%B4%80%ED%95%9C%20%EA%B8%B0%EB%B3%B3%

B8%EB%B2%95/(20676,20250121)
「국가 인공지능 윤리기준」(2020.12.23), https://ai.kisdi.re.kr/aieth/main/contents.do?menuNo=400029
대통령직속 디지털플랫폼정부위원회(2025.4.16). "공공부문 초거대 AI 도입활용 가이드라인 2.0 및 AI 서비스 실증 사례집", https://www.dpg.go.kr/DPG/contents/DPG03020000.do?schM=view&id=20250416154050742370&schBcid=reference

09
AI 기반 PSAT의 법적·제도적 기반 구축 방안

앞서 우리는 AI 기반 PSAT이 직면하게 될 공정성, 접근성, 프라이버시, 신뢰 문제 등 주요 과제들을 심층적으로 분석했다. 이러한 문제는 기술적 해결책만으로는 온전히 극복할 수 없으며, 반드시 법적 · 제도적 기반 마련을 통해 사회적 신뢰를 확보해야 한다. 국내 주요 관련 법령을 바탕으로, AI 기반 PSAT의 도입 및 운영에 필요한 법적 · 제도적 기반 구축 방향을 개략적으로 살펴보고자 한다. 이는 AI 행정의 공정성과 책임성을 제도적으로 보장하는 길을 모색하는 과정이다.

AI와 기자?

법적 근거 마련 및 법규 재정비

AI 기반 PSAT의 도입은 현행 공무원 채용 관련 법규 및 개인정보 보호 규정과 충돌할 가능성이 있다. 따라서 AI 기술 활용의 명확한 법적 근거를 마련하고 기존 법규를 재정비하는 것이 가장 우선적인 과제다.

AI 기반 평가를 위한 법적 근거 마련

AI 기반 PSAT은 기존의 공무원 채용 시험에 대한 법적 정의와는 다른 새로운 형태의 시험이다. 「공무원임용시험령」 제11조는 임용 시험의 단계를, 제10조의3은 '공직적격성 평가(PSAT)'를 필기시험으로 명시하고 있다. 하지만 AI를 활용한 문항 생성, 실시간 감독, 역량 분석 등에 대한 구체적인 법적 근거는 부재하다. 따라서 공무원 채용 시험의 직접적인 근거가 되는 「공무원임용시험령」에 AI 기반 평가 시스템을 '공무원 임용 시험의 일부'로 명확히 포함하는 조항을 신설해야 한다.

'고영향 AI'에 대한 법적 책임

AI 기반 PSAT은 「인공지능 기본법」 제2조에서 정의하는 '고영향 인공지능'에 해당할 가능성이 높다. 이 법은 "사람의 생명, 신체, 재산, 권익에 중대한 영향을 미치는"

AI 시스템을 고영향 인공지능으로 규정하고 있으며, 공무원 채용 결과는 개인의 직업과 삶에 결정적인 영향을 미치므로 이 범주에 포함될 가능성이 높다. 따라서 「인공지능 기본법」 제24조에서 규정하는 '고영향 인공지능 시스템의 관리'에 대한 특별한 의무를 준수해야 한다. 즉, 위험성 평가, 설명 가능성 확보, 투명성 강화 등 고영향 AI에 요구되는 특별한 관리 의무를 AI 기반 PSAT 시스템에 법적으로 적용해야 한다.

데이터 활용 및 개인정보 보호 관련 법규 재정비

AI 기반 PSAT은 응시자의 다양한 개인정보와 행동 데이터를 수집하고 분석한다. 「공무원임용시험령」 제53조는 '민감 정보 및 고유 식별 정보의 처리'를 규정하고 있지만, 이는 AI 시스템이 수집하는 생체 정보(얼굴 인식, 시선 추적 등)와 행동 데이터 등 훨씬 더 광범위하고 민감한 정보를 포괄하지 못하고 있다. 따라서 이 조항을 개정해 수집 정보의 범위와 활용 목적을 명확히 하고, 데이터의 보관 및 파기 규정을 구체적으로 명시해야 한다.

AI 윤리 가이드라인 및 평가 기준 마련

AI 기반 시스템의 공정성과 신뢰성을 확보하기 위해서

는 기술적 성능 외에 윤리적 기준과 평가 절차를 제도화해야 한다. 이는 AI 행정의 근간을 이루는 중요한 과제다.

법률 기반의 AI 윤리 원칙 적용

「인공지능 기본법」은 AI의 개발 및 활용에 대한 윤리적 원칙과 요건을 제시하고 있다. AI 기반 PSAT 시스템은 동법 제31조 및 제32조에 따라 '인공지능시스템의 투명성 · 설명 가능성 확보', '책임성 확보' 등의 의무를 준수해야 한다. 특히 시스템의 결정 과정에 대한 설명 가능성을 높여 응시자가 그 결과에 납득할 수 있도록 해야 한다.

또한, 「국가 인공지능 윤리기준」에서 제시하는 '공정성' 원칙에 따라 AI 알고리즘의 편향성을 정기적으로 검증하고, 그 결과를 투명하게 공개하는 절차를 법제화해야 한다. 이를 위해 독립적인 위원회나 전문 기관을 통해 알고리즘을 심사하는 제도를 도입해 제도적 감시를 강화하는 방안을 생각해 볼 수 있다.

시스템 성능 및 안전성 평가 기준 마련

AI 기반 PSAT 시스템의 도입에 앞서, 시스템의 성능과 안전성을 객관적으로 평가할 수 있는 기준을 마련해야 한다. "공공 부문 초거대 AI 도입·활용 가이드라인 2.0"이 제시하는 신뢰성과 안전성 확보 방향에 따라, AI 시스템의 기술적 오류율, 보안성, 응시자 데이터 보호 능력 등에 대한 엄격한 기준을 수립하고, 도입 전후에 걸쳐 지속적인 검증을 실시해야 한다.

데이터 거버넌스 체계 구축

AI 기반 PSAT은 방대한 양의 데이터를 다루게 되므로, 데이터의 생명 주기(수집-저장-활용-폐기) 전반을 관리하는 체계적인 거버넌스 구축이 필수적이다.

「데이터기반행정법」에 따른 데이터 관리

「데이터기반행정 활성화에 관한 법률」(이하 「데이터기반행정법」)은 데이터의 수집, 공유, 활용에 대한 법적 근거를 제공한다. AI 기반 PSAT 데이터는 이 법률의 목적(제1조)인 '객관적이고 과학적인 행정을 통한 책임성, 대응성 및 신뢰성'을 높이는 데 기여할 수 있다. 따라서 AI 기반 PSAT을 통해 생성된 시험 데이터와 기존의 공무원 직무 성과 데이터를 연계해 분석하는 것에 대한 법적 근거를 마련할 수 있을 것으로 기대된다.

또한 「데이터기반행정법」 제10조는 공공 기관 간의 데이터 공유 및 협력을 규정하고 있다. AI 기반 PSAT의 시스템 고도화를 위해 다른 공공 기관의 데이터를 활용할 필요가 있을 때, 법적 절차에 따라 안전하게 공유할 수 있는 근거가 될 수 있다. 제19조는 '데이터기반행정 책임관'의 임명 및 운영을 규정하고 있다. 이는 AI 기반 PSAT과 관련된 모든 데이터의 관리 및 활용에 대한 총괄 책임자를 지정해, 데이터 거버넌스 체계를 명확히 하고, 책임 소재를 분명히 할 수 있는 법적 근거다.

한편, AI 시스템의 오류나 오작동으로 인해 발생할 수 있는 문제에 대한 책임 소재를 명확히 해야 한다. 「공무원임용시험령」 제52조에 따라 '시험 실시 기관의 장'이 합격 증명서 및 성적 증명서 발급 권한을 가지고 있듯이, AI 시스템의 운영과 결과에 대한 최종 책임 역시 '시험 실시 기관의 장'에게 있음을 명확히 규정해야 할 필요가 있다. 더불어 「인공지능 기본법」 제31조에 따라 AI 시스템의 예측 및 판단에 오류가 발생했을 경우, 응시자가 이의를 제기할 수 있는 절차를 제도화해야 한다.

사회적 합의 도출 및 제도화

AI 기반 PSAT 시스템의 성공적인 도입은 기술적 완성도를 넘어, 국민과 응시자들의 심리적 장벽을 낮추고 신뢰를 구축하는 데 달려 있다. 공직 채용은 국민의 기회 균등과 직결되는 문제이므로, AI 도입에 대한 사회적 합의는 기술 혁신의 전제 조건이 된다.

신뢰 확보를 위한 소통과 투명성 강화

AI 시스템에 대한 사회적 불신은 소위 '블랙박스' 문제로 인한 불투명성에서 비롯된다. 이를 해소하기 위해서는 시스템의 의사 결정 과정을 최대한 투명하게 공개하고, 국민적 공감대를 형성하기 위한 체계적인 노력이 필요하다.

이러한 노력의 일환으로 이른바 'AI 심의 위원회'와 같은 심의 기구 설치를 고려해 볼 수 있다. 즉 AI 시스템의 의사 결정 과정에 대한 신뢰를 확보하기 위해, 민간 및 공공 전문가로 구성된 AI 심의 위원회를 도입하는 방안을 고려할 수 있다. 이 위원회는 AI 알고리즘의 편향성을 주기적으로 감사하고, 시스템의 윤리적 기준 준수 여부를 평가하며, 그 결과를 국민에게 투명하게 공개하는 역할을 수행한다. 이는 행정 시스템의 책임성과 신뢰성을 높이는 핵심 장치가 될 수 있다.

이해관계자 중심의 AI 거버넌스 구축

AI 기반 PSAT 시스템의 설계 및 운영에 대한 최종 의사결정을 소수의 전문가에게만 맡기는 것은 불신을 키울 수 있다. 공직 채용의 공정성을 유지하기 위해서는 다양한 이해관계자들이 참여하는 이른바 '시민 참여형 AI 거버넌스' 구축을 생각해 볼 수 있다.

이러한 시민 참여형 AI 거버넌스는 AI 개발 전문가, 법률가, 윤리학자, 시민 단체, 현직 공무원 및 수험생 대표 등이 참여하는 협의체를 구성해 AI 기반 PSAT의 방향을 설정하고, 윤리 가이드라인을 공동으로 수립할 수 있다. 이 협의체는 「인공지능 기본법」에서 규정하는 'AI 시스템 개발 및 활용에 대한 윤리적 원칙'을 실제 공직 채용 현장에 적용하는 중요한 역할을 수행할 수 있다.

또한 AI 시스템에 대한 이의 제기 및 구제 절차를 명확히 해야 한다. AI의 불투명성 문제를 보완하기 위해, AI가 내린 결정에 대해 불이익을 받은 응시자가 이의를 제기하고 구제받을 수 있는 명확한 행정 절차를 제도화해야 한다. 이는 「공무원임용시험령」에 규정된 '이의 신청 및 심의' 절차에 AI 시스템 오류로 인한 이의 제기 항목을 추가하는 방식으로 구체화할 수 있다.

지속적인 사회적 대화와 교육

AI 기반 PSAT 도입에 대한 사회적 수용성은 단기간에 확보될 수 없다. 지속적인 대화와 교육을 통해 AI 기술에 대한 이해도를 높이고, 공직 채용에 대한 긍정적인 기대감을 형성해야 한다.

이를 위해 국민과 공무원을 대상으로 AI의 원리, 한계, 윤리적 문제 등에 대한 교육을 확대해 AI에 대한 막연한 불안감을 해소해야 한다. 특히, 공무원들에게는 AI를 활용한 행정의 장점과 한계를 명확히 이해시키고, AI를 효과적으로 활용할 수 있는 역량을 함양하는 교육을 지속적으로 제공해야 한다.

또한 AI가 인간의 직무를 완전히 대체하는 것이 아니라, 인간 전문가의 판단을 보조하고, 반복적인 작업을 자동화해 효율성을 높이는 도구임을 지속적으로 강조해야 한다. 이는 AI에 대한 막연한 불안감을 해소하고, AI 시스템을 함께 발전시켜 나가는 사회적 파트너로서의 인식을 확립하는 데 중요하다.

AI 기반 PSAT은 공직 인재 선발의 패러다임을 바꿀 잠재력을 가지고 있다. 그러나 기술적 혁신만으로는 충분하지 않으며, 공정성, 투명성, 책임성을 보장하는 강력한 법적 · 제도적 기반이 반드시 뒷받침되어야 한다.

이에 현행 법체계에서는「인공지능 기본법」과 「데이터기반행정 활성화에 관한 법률」이 AI 기반 PSAT의 도입과 운영에 대한 명확한 법적 토대를 제공하므로, 이에 대한 연구를 통해 필요한 법제를 마련하는 것이 AI 기반 PSAT 구축의 출발점이 될 것이다.

참고문헌

대통령직속 디지털플랫폼정부위원회(2025.4.16). "공공부문 초거대 AI 도입활용 가이드라인 2.0 및 AI 서비스 실증 사례집", https://www.dpg.go.kr/DPG/contents/DPG03020000.do?schM=view&id=20250416154050742370&schBcid=reference

윤상오(2025.3). "AI 시대, 공공 서비스의 혁신과 과제". 《공공 기관 Brief》, 19, 8-10쪽, https://www.kipf.re.kr/kor/Publication/KipfReport/kiPublish/CB11/view.do?serialNo=527388

조세현·우하린(2024.9.10). "공공 부문 AI 활용 활성화에 대한 공무원 인식과 정책제언". 한국행정연구원. 《행정포커스》, 171, https://www.nkis.re.kr/subject_view3.do?volId=IPVOL000000000009571&articleSeq=13

10
미래 공직 사회와 PSAT의 지속 가능한 진화

AI 기반 PSAT은 단순히 채용 시스템의 효율성을 높이는 것을 넘어, 미래 공직 사회가 나아가야 할 방향을 제시하는 전략적 도구다. AI 기반 PSAT이 어떻게 미래 공직 사회의 변화를 선도하고, 채용-교육-경력 개발에 이르는 지속 가능한 인재 관리 생태계의 핵심축이 될 수 있는지 검토해 본다. 특히, 인사혁신처의 공무원 인재 관리 혁신 계획과 정부의 디지털 전환 전략을 중심으로, AI가 공직자 개인과 조직 전체에 미치는 긍정적 파급 효과를 중심으로 살펴본다.

AI와 미래 의사?

AI 기반 PSAT이 제시하는 미래 공직 사회 인재상

미래 공직 사회는 단순한 행정 절차를 처리하는 '관리자'를 넘어, 복잡한 사회적 문제를 해결하고 국민과 적극적으로 소통하는 '문제 해결사(Problem-solver)'와 '협력적 리더(Collaborative Leader)'를 요구한다. AI 기반 PSAT은 이러한 시대적 요구를 반영해, 기존의 지식 측정에서 벗어나 AI 시대에 필요한 새로운 역량을 갖춘 인재를 선발하는 데 초점을 맞춘다.

앞으로 미래의 공직자에게는 'AI를 잘 활용하는' 역량이 보다 크게 요구될 것이다. 다시 말해서 미래의 공직자는 AI를 직접 개발하는 전문성보다, AI를 효과적으로 활용해 정책을 수립하고 집행하는 '디지털 리터러시'가 더욱 중요한 전문성으로 인식될 것이다. 2025년 본격 시행된 '공무원 AI 기반 복무관리 시스템'과 2023년에 정규 서비스를 개시한 '지능형 인재개발플랫폼' 같은 정부(인사혁신처)의 사례를 통해 이미 AI가 공직 영역에 깊숙이 들어와 업무의 중요 수단으로 활용되고 있음을 목격할 수 있다(인사혁신처, 2023.5.30; 2023.1.3). AI 기반 PSAT은 이러한 AI 활용 능력을 평가하는 문항을 통해, 입직 초기부터 공직자의 디지털 역량을 검증하고 강화하는 역할을 수행할 것이다.

또한, AI는 단순 반복 업무를 자동화함으로써 공직자가 보다 복합적인 사고를 요구하는 업무에 집중할 수 있는 환경을 만든다. 실제로 AI 음성 회의록 요약 시스템을 활용해 수개월 걸리던 재해 보상 심사 업무가 한 달로 단축되는 등, 공직 사회에 이미 AI 혁신이 가속화되고 있다. AI 기반 PSAT은 이러한 환경에서 AI의 산출물을 비판적으로 검토하고, 복합적인 데이터를 기반으로 통찰력을 도출하는 능력을 측정함으로써, 공직자가 단순 업무를 넘어 정책의 질을 향상시키는 데 기여할 수 있는지를 평가하게 될 것이다.

결국 인간은 새로운 핵심 역량 지표로 평가받게 될 것이다. AI는 반복적이고 정형화된 업무를 자동화하므로, 인간 공직자는 AI가 대체하기 어려운 영역, 즉 '공감', '협업', '윤리적 판단' 같은 비정형적이고 창의적인 업무에 집중해야 한다. AI 기반 PSAT은 가상의 복합적인 정책 시뮬레이션 환경을 통해 응시자가 다양한 이해관계자들의 의견을 조율하고, 기술의 효율성과 윤리적 가치가 충돌하는 상황에서 올바른 의사 결정을 내리는 능력을 평가할 수 있다. 이는 AI 시대의 공직자가 갖춰야 할 '기술과 가치를 통합하는 역량'을 측정하는 데 핵심적인 역할을 수행하게 될 것이다.

PSAT을 넘어선 AI 기반 공무원 인재 관리 생태계

AI 기반 PSAT은 공무원의 채용부터 교육, 경력 개발에 이르는 전 생애 주기를 관리하는 '지속 가능한 인재 관리 생태계'의 출발점이 된다. PSAT을 통해 수집된 응시자의 심층적인 역량 데이터는 이후의 인재 관리 과정에서 중요한 기반 자료로 활용된다.

개인 맞춤형 경력 개발 지원

AI 기반 PSAT에서 측정된 개인별 역량 프로파일은 공무원 임용 후, AI 기반 인재 개발 플랫폼과 연계되어 개인 맞춤형 교육 프로그램을 추천하는 데 활용될 수 있다. 예를 들어, PSAT에서 '자료 해석 영역'에 강점을 보였던 공무원에게는 데이터 분석 관련 심화 교육 과정을 추천하고, '상황 판단 영역'에 취약했던 공무원에게는 리더십 및 윤리 교육을 추천하는 방식이다. 이는 공무원 개인의 성장 욕구를 충족하고, 공직 사회 전체의 역량을 향상하는 데 기여할 것이다(인사혁신처, 2023.1.3).

전략적 인적 자원 배치 및 관리

AI 기반 PSAT을 통해 축적된 방대한 데이터는 공무원의 직무 적합성을 예측하고, 조직의 필요에 따라 최적의 인력을 배치하는 데 활용될 수 있다. AI는 공무원 개인의 역량 프로파일과 특정 부서의 직무 요구 역량을 비교 분석해, '적재적소(Right Person in the Right Place)'의 원칙에 따라 인적 자원을 배치하는 데 기여할 것이다. 이는 조직의 생산성을 극대화하고, 공무원의 직무 만족도를 높이는 데 중요한 역할을 할 것이다.

성과 평가의 객관성 강화

AI 기반 시스템은 공무원 개인의 업무 성과 데이터를 분석해, 기존의 주관적 평가 시스템을 보완하는 객관적인 성과 지표를 제공할 수 있다. 예를 들어, AI가 처리한 민원 처리 시간, 문제 해결의 효율성 등을 분석해 개인의 성과를 객관적으로 평가하는 데 활용될 수 있다. 이는 성과 평가의 공정성을 높이고, 공무원의 동기 부여를 강화하는 긍정적인 효과를 기대할 수 있다.

AI 시대, 공직 사회의 지속 가능한 진화를

위한 제언

AI 기반 PSAT의 성공적인 도입과 지속 가능한 진화를 위해서는 기술 혁신을 넘어선 거버넌스적 접근이 필수적이다. 공공 부문의 AI 활용은 신뢰를 바탕으로 한 점진적 변화를 추구해야 한다.

인간과 AI의 협력 강화

AI는 인간의 판단을 완전히 대체하는 것이 아니라, 공직자가 보다 전략적이고 창의적인 업무에 집중할 수 있도록 지원하는 '보조적 도구(Assistant Tool)'로서의 역할을 수행하도록 해야 한다. 인사혁신처의 AI 복무 관리 시스템처럼, AI는 단순히 반복 업무를 자동화하고 인간의 업무 부담을 줄이는 데 초점을 맞춰야 한다. 이와 관련해 공적 권력을 행사하는 '공직자'를 AI가 완전히 대체하는 것은 어렵다는 절대 다수의 인식이 있으며, 이는 인간의 윤리적 판단과 책임성이 여전히 핵심으로 보는 데서 기인한다. 결국 AI 기반 PSAT 시스템은 채용 결정 과정의 최종 책임이 여전히 인간에게 있음을 명확히 하고, AI의 분석 결과를 바탕으로 한 인간 전문가의 심층적 판단을 강조하는 이른바 '하이브리드 시스템'을 구축해야 한다.

지속 가능한 AI 거버넌스 구축

AI 기반 PSAT 시스템은 법적, 제도적, 윤리적 측면에서 지속적인 감사를 받아야 한다. 이는 「인공지능 기본법」에서 강조하는 것처럼, AI의 안전성과 신뢰성을 확보하기 위한 핵심 과제다. AI 알고리즘의 공정성 및 편향성 검증을 정기적으로 실시하고, 그 결과를 투명하게 공개하는 제도를 마련해야 한다. 또한, 공직 채용을 위한 AI 시스템의 개발 및 운영 과정에 전문가, 시민 단체, 현직 공무원 등 다양한 이해관계자들이 참여하는 '시민 참여형 거버넌스'를 구축해, 사회적 합의를 바탕으로 AI 기반 PSAT을 발전시켜 나가야 할 것이다.

공직 사회 문화의 변화

AI 기반 PSAT의 도입은 단순한 기술적 변화를 넘어, 공직 사회의 문화 자체를 변화시키는 계기가 되어야 한다. 공직 사회는 수동적이고 규칙에 기반한 문화에서 벗어나, 데이터에 기반해 능동적으로 문제를 해결하고 혁신을 추구하는 문화로 나아가야 한다. 행정안전부(2024.8.6)에 따르면, AI를 활용한 홍수 예보 시스템 등 다양한 정부 혁신 사례가 발표되고 있는데, 이는 AI가 '예측적 행정(Predictive Administration)'을 가능하게 함을 보여 주는 것이다. AI 기반 PSAT은 이러한 혁신적 문화를 선도할 인재를 발굴함으로써, 공직 사회 전체의 변화를 촉진하는 강력한 동력이 될 것이다.

참고문헌

권용훈(2025.3.20). "'수개월 걸리던 업무, 한달로' … 공직 사회에 부는 'AI 혁신'". 《한국경제》, https://www.hankyung.com/article/202503206332i

인사혁신처(2023.1.3). "지능형 인재개발플랫폼", https://www.learning.go.kr/member/login/viewLogin.do

인사혁신처(2023.5.30). "인공지능으로 공무원 복무관리, 일하는 방식 혁신", https://www.mpm.go.kr/innovation2016/NewsPolicy/Newspolicy/index.jsp?boardId=bbs_0000000000000029&mode=view&cntId=3643&category=&pageIdx=4

행정안전부(2024.8.6). "AI를 활용한 홍수예보, 미래전략산업 인재양성 등 '정부혁신'으로 미래를 대비한다", https://www.mois.go.kr/frt/bbs/type010/commonSelectBoardArticle.do?bbsId=BBSMSTR_000000000008&nttId=111436

전용일

전북대학교 공공인재학부 강의초빙교수다. 전북대학교에서 법학 박사학위를 받았다. 대학원에서 환경법제 및 국제통상법제를 중심으로 강의와 연구를 진행하고 있다. PSAT과 NCS는 학생들의 취업과 수험 능력 향상에 도움을 주고자 학부생들을 대상으로 10년째 가르쳐 오고 있다. 2020년 이후부터는 개인적으로 관심이 많은 몽골과의 교류가 활발해지면서 다양한 분야의 몽골 법제연구도 진행해 오고 있다. 전북특별자치도 규제혁신 민관협의회 민간위원, 전북특별자치도 특례사업발굴단 위원, 전북특별자치도 전주시체육회 스포츠공정위원회 공정위원, 한국국제경제법학회 총무이사 등 다양한 분야에서 사회활동을 하고 있다. "공공 기관 채용 필기시험 출제문항 공개의 필요성 법적 고찰: 국가직무능력표준(NCS) 직업기초능력시험을 중심으로"(2021), "공무원채용 시험 과목 출제기준 정립의 필요성 법적 고찰: 공직 적격성평가(PSAT)를 중심으로"(2020), "직무능력 중심 채용의 공정성 강화를 위한 법적 과제 고찰: 국가직무능력표준(NCS) 필기전형 출제지침 제정 필요성을 중심으로"(2021) 등 법적인 측면에서의 PSAT, NCS 관련 논문을 등재학술지에 게재했다.